Eric Adler

Schlüsselfaktor Sozialkompetenz

Eric Adler

Schlüsselfaktor Sozialkompetenz

Was uns alles fehlt und
wir noch lernen können

Econ

Econ ist ein Verlag der Ullstein Buchverlage GmbH

ISBN: 978-3-430-20129-2

Gesetzt aus der Minion
Satz: Pinkuin Satz und Datentechnik, Berlin
Druck und Bindearbeiten: Bercker Graphischer Betrieb, Kevelaer
Printed in Germany

INHALTSVERZEICHNIS

VORWORT

IM FREIEN FALL

Wissen Sie, dass es Menschen gibt, die keine Nachrichten mehr anschauen wollen? Vielleicht gehören Sie zu jenen, die immer öfter denken, dass die Welt verrückt ist. Kriege, Umweltkatastrophen, Wirtschaftskrisen, Terroranschläge – gibt es nichts anderes mehr? Muss ich mir diese Informationsflut an Horrormeldungen überhaupt antun?

Es gelingt uns immer seltener, hinter die Nachrichten zu schauen, also das Warum von der schlichten Bilanz des Schreckens zu trennen. Denn das würde bedeuten, das große schreckliche Ganze betrachten und verstehen zu müssen.

Begleiten Sie mich auf eine abenteuerliche Reise …
Lassen Sie uns einen Blick in die Vergangenheit, in die Gegenwart und in die Zukunft werfen: Was ist es, das unsere Gesellschaft zusammenhält, woran krankt sie und woran könnte sie zerbrechen? Können wir noch all das erfassen, was um uns herum geschieht? Auf den folgenden Seiten habe ich für Sie einige Szenarien zusammengestellt, und ich frage Sie: Sind diese tatsächlich eingetreten, sind sie »frei befürchtet«, oder handelt es sich um eine logische Weiterführung des Ist-Zustands? Entscheiden Sie selbst!

KAPITEL 1

WIE UNSERE GESELLSCHAFT ZERBRICHT

Szenario 1

Amokläufe an Schulen und Universitäten, in Supermärkten, Krankenhäusern und auf Großveranstaltungen sind traurige Realität. Im Internet gibt es eine Plattform, auf der man die grausigen Details in einem Ranking abrufen kann: Wer hat wann und wo wie viele Menschen durch einen Amoklauf getötet oder verletzt? Hat der Amokläufer seine »Mission« überlebt, hat er sich das Leben genommen oder wurde er getötet? Das Portal ist in Wahrheit die geschickte Tarnung eines Anbieters, bei dem man folgende Wetten abschließen kann: Wann findet der nächste Amoklauf statt? In welchem Land wird er passieren? Wie viele Tote, wie viele Verletzte wird es geben? Überlebt der nächste Amokläufer oder wird er getötet? Höhere Quoten gibt es, wenn man die Anzahl der Täter bestimmt: Einer? Zwei? Drei? Oder mehr? Das Portal wird noch als Insider-Tipp gehandelt, erfreut sich aber immer größeren, internationalen Interesses. Aufgrund moralischer Bedenken versuchte die Regierung jenes Landes, in dem der Provider seinen Sitz hat, diese Wetten zu verbieten. Dieses Vorhaben scheiterte jedoch am Gerichtshof der Europäischen Union: Die Klage wurde mit der Begründung abgelehnt, dass ein Verbot der freien Marktwirtschaft zuwiderliefe.

Szenario 2

Im Rahmen eines Wirtschaftsgipfels werden besonders erfolgreiche Top-Manager geehrt. Dort gibt es Auszeichnungen für

»Effizienten Umgang mit Humankapital« und »Konsequentes Erreichen der vorgegebenen Quartalszahlen«. Der Laudator macht sich in seiner Rede über veraltete Parameter wie Moral, Ethik und soziale Verantwortung lustig und lobt im Gegenzug die Eliminierung veralteter gesellschaftlicher Rollenmodelle, die auf solche »Moralvorstellungen« noch Wert legten. Er erntet stehende Ovationen.

Szenario 3
Politiker aller Couleur können immer häufiger nur noch unter Polizeischutz ihrer Tätigkeit nachgehen. Es kommt zusehends zu tätlichen Übergriffen, wenn sie sich in der Öffentlichkeit zeigen. Es gibt vermehrt Anträge, die Politikern nicht nur während ihrer aktiven Amtszeit Polizeischutz zusichern wollen, sondern diesen Anspruch auf Lebenszeit festschreiben möchten. Im Volksmund wird die Amtszeit eines Politikers vermehrt als »Lügenzeit« bezeichnet. Vielen bleibt daher nach dem Abschied aus dem aktiven politischen Leben nur die Emigration in andere Länder.

Szenario 4
Mediziner stehen vor einem Rätsel: Obwohl sich das Bewusstsein für gesunde Ernährung in den letzten Jahren stark verbreitet hat und der medizinische Fortschritt vielen Erkrankungen ihren Schrecken nehmen konnte, wird der gesundheitliche Status des Durchschnittsbürgers kontinuierlich schlechter. Als eine der Hauptursachen gilt mittlerweile das »Frustessen«, welches nicht nur zu Übergewicht führt, sondern auch zu degenerativen Gelenkerkrankungen und psychischen Problemen.

Szenario 5
Die Jugendarbeitslosigkeit ist in einigen Industrienationen auf über 30 Prozent gestiegen, europaweit liegt der Durchschnitt bei 20,5 Prozent. Viele Jugendliche bezeichnen sich selbst als die

»betrogene Generation«, weil sie von vorherigen Generationen einen riesigen Schuldenberg geerbt haben, aber nicht über die nötigen Ressourcen verfügen, diesen jemals abzubauen. Die Schäden an Natur und Umwelt sind so eklatant, dass in weiten Teilen der Welt eine Regeneration unwahrscheinlich ist. Auch jene Jugendlichen, die Arbeit gefunden haben, leiden unter der Entwicklung, da sie gezwungen sind, so hohe Abgaben zu zahlen, dass ihnen selbst nicht genug zum Leben bleibt. Ein tiefgreifender Generationenkonflikt droht.

Szenario 6
Immer häufiger kommt es zu bürgerkriegsähnlichen Auseinandersetzungen zwischen Jugendlichen und der älteren Generation. In fast allen europäischen Metropolen lassen sich solche Ausschreitungen gewaltbereiter junger Menschen beobachten. Vor diesem Hintergrund finden die »DOG«-Initiativen vieler Städte großen Anklang. DOG steht für »District of the older generation«. In diesen besonders abgesperrten und sowohl mit Zäunen als auch kontrollierten Zufahrten gesicherten »Rentnervierteln« können ältere Menschen besondere Sicherheitsdienstleistungen buchen, beispielsweise einen Begleitschutz beim Verlassen des Hauses. Auf kommunaler Ebene plant man in U-Bahn-Stationen altersgerechte und von Sicherheitspersonal geschützte Zu- und Abgänge sowie eigene Waggons, damit die Generation 50 plus unbehelligt bleibt.

Szenario 7
Alte und/oder pflegebedürftige Familienmitglieder werden aus dem Haus verbannt und in einem »Pflege-Container« im Garten untergebracht. Diese mobilen Pflegestationen in Größe eines Gartenhäuschens für jeweils einen Senioren sind videoüberwachte und mit modernster Technik ausgestattete Wohnzellen, die die Altenpflege im häuslichen Rahmen künftig kostengünstig

ersetzen sollen. Krankenkassen und Verbände sprechen von einer kostengünstigen Versorgungsmöglichkeit.

Szenario 8
Immer mehr Ordnungskräfte lassen ihrer Aggressivität freien Lauf und werden selbst zur Bedrohung. So berichtete die Presse über einen Fall, in dem sechs Polizisten auf einen Obdachlosen einprügelten. Dieser wurde fünfmal mit Stromstößen eines Elektroschockers bewegungsunfähig gemacht, dann verprügelt und mit dem Kopf mehrfach gegen die Bordsteinkante geschlagen. Die Umstehenden filmten den Vorfall mit ihren Handy-Kameras und schlossen Wetten ab, ob das Opfer überleben werde oder nicht. Erst als sich der Obdachlose nicht mehr bewegte und die Rettungsteams eintrafen, ließen die Polizisten von ihm ab.

Szenario 9
Zu tumultartigen, schrecklichen Szenen kam es am Flughafen einer kleinen Ferieninsel, weil die Flugpreise erhöht werden sollten. Die Fluggäste gerieten darüber so in Rage, dass der Streit eskalierte und eine Schießerei begann. Die Bilanz des Schreckens: vier tote und 13 zum Teil schwer verletzte Personen.

Szenario 10
Um auch Beamte an der Rückführung der Staatsverschuldung zu beteiligen, werden immer mehr Behörden von Beamten selbst gesäubert, um die Kosten für das Reinigungspersonal einzusparen. In einer Dienststelle kam es zu Beschwerden, da sich trotz intensiver Reinigungsmaßnahmen in einem Großraumbüro seit Tagen ein unerträglicher Gestank verbreitete. Schließlich wurde die Grundreinigung durch ein Unternehmen genehmigt. Die Raumpflegekräfte entdeckten dabei die verwesende Leiche einer Beamtin, die seit mindestens einer Woche tot an ihrem Schreibtisch gesessen hatte. Der Todesfall war niemandem aufgefallen,

da unter den Beamten direkte Kontakte nicht üblich sind. Die Kommunikation innerhalb der Behörde findet ausschließlich per E-Mail statt und beschränkt sich nur auf das Notwendigste.

Szenario 11

Das Waffengesetz innerhalb der EU soll an das der USA angepasst werden. Käme es dazu, dürfte künftig jeder Staatsbürger und Ausländer mit unbefristeter Aufenthaltserlaubnis sich innerhalb seines Bundesstaats eine Waffe kaufen und diese auch geladen bei sich tragen. Anlass für diese Gesetzgebungsinitiative in der EU ist eine dringliche Bitte öffentlicher Schulen, die es ihren Lehrern ermöglichen wollen, sich künftig effektiver gegen aggressive Schüler zu verteidigen. Auch in Hinblick auf die zahlreichen Amokläufe in öffentlichen Einrichtungen findet diese Gesetzesinitiative immer mehr Anhänger.

Szenario 12

»Happy Slapping« ist der neueste Unterhaltungstrend bei Jugendlichen. Dabei wählen sie ein meist unbekanntes und ahnungsloses Opfer aus und verprügeln dieses vor laufender Kamera. Das Videomaterial wird dann ins Internet gestellt. Eine Steigerung davon ist das sogenannte »Happy Stabbing«, bei dem Jugendliche mit dem Messer auf einen anderen Jugendlichen oder Erwachsenen einstechen. Dabei wetten sie, der wievielte Stich für das Opfer tödlich sein wird. Sowohl das Video als auch der stolze Gewinner werden im Netz veröffentlicht.

Szenario 13

Ultimate Fighting ist ein Kampfsport, welcher ohne Schutz und fast ohne Regeln ausgetragen wird und bislang als brutalste Sportart überhaupt gilt. Aktuell denkt man darüber nach, diese als olympische Disziplin zuzulassen, um das Interesse der Jugend an Olympia neu zu beleben. Alternativen wie Wrestling oder

Boxen scheinen dafür nicht geeignet, denn sie sind den Jugendlichen zu »weich« und »durchgestylt«.

Szenario 14
Ein Streik der Berliner Busfahrer sorgte unlängst für Empörung: Diese weigerten sich, ihrer Arbeit nachzugehen, weil innerhalb des vorherigen Monats mehr als ein Drittel von ihnen von Passagieren ohne erkennbaren Grund zusammengeschlagen worden waren. Es scheint sich dabei um eine Modeerscheinung zu handeln.

Szenario 15
Fans werden zu Fanatikern: Aufgrund der immer schlimmer werdenden Ausschreitungen gewaltbereiter Hooligans bei Fußballspielen beschließt die FIFA die Einrichtung sogenannter TV-Studio-Hallen zur Übertragung von Fußballspielen. Spiele in Stadien mit mehreren Tausend Zuschauern werden damit schon bald der Vergangenheit angehören, da die Betreiber der zunehmend in privater Hand befindlichen Spielstätten die Risiken solcher öffentlichen Veranstaltungen nicht mehr tragen können. Die großen Studio-Hallen fassen künftig nur noch zwei- bis dreitausend sicherheitsüberprüfte Zuschauer, die zudem während des Spiels videoüberwacht werden, um eine eventuelle Gewaltbereitschaft frühzeitig zu erkennen und zu unterbinden.

Szenario 16
Zunehmende Terrorgefahr sowie die Gefahr von Amokläufen zwingen den Staat zu einer umfassenden Kontrolle seiner Bürger. Sämtliche Daten aller Bürger werden EU-weit vernetzt und für alle Behörden zugänglich gemacht. Dies gilt für Finanzämter, Banken, Polizei oder Fluggesellschaften, für Standesämter, Gerichte und Arbeitgeber, Schulen und Universitäten. Hinzu kommen die Daten aller Überwachungskameras auf Straßen,

in Gebäuden und Wohnanlagen, die mit Gesichtserkennungssoftware permanent Personen überprüfen und kategorisieren. Mithilfe von Hotel- und Reisebuchungen werden virtuelle Steckbriefe erstellt, die dann an die freie Wirtschaft verkauft werden dürfen. Die Angst vor Aufständen und Aufruhr wächst. Daher sind Menschenansammlungen von mehr als zehn Personen bei Strafe untersagt, es sei denn, sie wurden behördlich genehmigt.

Szenario 17
Nachdem Enthüllungsskandal um WikiLeaks mehren sich in Insiderkreisen die Hinweise darauf, dass geheime Gesprächsprotokolle existieren, die eine Beteiligung diverser Regierungen an Terroranschlägen weltweit beweisen. Demnach wurden diese entweder von den Regierungen selbst durchgeführt oder von ihnen in Auftrag gegeben. Viele Kriege wurden von den Regierungen nur deshalb nicht beendet, weil diese unterschwellige Gefahr die Bevölkerung von den wahren Missständen ablenkte und somit gesellschaftlichen Umbrüchen entgegenwirkte. Eine unterschwellige Angst vor Terroranschlägen und Massenveranstaltungen in den Köpfen der Bürger ist schließlich immer noch besser als bürgerkriegsähnliche Zustände auf heimischen Straßen.

Szenario 18
Im Internet gibt es ein neues Spiel: »E-Mobbing«. Dafür bilden sich zwei Gruppen von rein virtuellen »Freunden«, die sich vorzugsweise über die sozialen Netzwerke finden. Diese rivalisierenden Gruppen wählen unter den Gegnern ein »Opfer« aus, das im weiteren Verlauf des Spiels gemobbt werden soll. Es gewinnt die Fraktion, die ihr Opfer schneller zu einer vorab festgelegten Handlung bringt – Kündigung beim Arbeitgeber, ärztliche Behandlung wegen Burn-out, Selbstmord, Einweisung in eine Klinik oder Ähnliches. Die Sieger treten im Anschluss gegen

eine neue Gruppe an. Auf Siegertafeln im Internet können auch Außenstehende den Stand der Dinge mitverfolgen.

Szenario 19
Nach jahrelangem schlechtem Abschneiden bei der PISA-Studie hat sich die Politik endlich entschlossen, entschieden zu reagieren: Die Tests wurden ersatzlos gestrichen. Begründet wird dies damit, dass der jährliche Druck nicht förderlich für eine konstante Entwicklung sei. Auch sei man zu der Erkenntnis gelangt, dass diese Tests ein völlig ungeeignetes Instrument darstellten, um neue, langfristige Verbesserungen anzustoßen.

Szenario 20
Das gesellschaftliche Klima wird rauer: Laut Statistiken wurde jeder zweite ältere Mensch schon mindestens einmal in seinem Leben überfallen und beraubt. Als Serviceleistung stellen Behörden, Banken, Postfilialen oder Supermärkte einen Begleitschutz bereit. Im Gegenzug versichern viele Versicherungen kein Bargeld und keinen Schmuck mehr, nachdem auch die Einbruchs- und die Betrugsrate erschreckend angestiegen ist.

Szenario 21
Die Gefängnisse sind überfüllt, insbesondere die Jugendstrafanstalten. Deshalb haben sich die Justizbehörden entschlossen, jugendliche Straftäter aus Einsparungsgründen gemeinsam mit erwachsenen Schwerverbrechern in den Zellen unterzubringen. Die offizielle Sprachregelung dafür: generationsübergreifendes sozialisierendes Teambildungsmodell.

»Genug ist genug«– das denkt vielleicht so mancher Leser an dieser Stelle. Man fühlt sich an den Zukunftsroman *1984* erinnert, in dem George Orwell das Leben eines »Otto-Normalbürgers«, seines Protagonisten Winston Smith, beschrieb. Winston sah, was in der Welt ringsum passierte, ordnete sich unter und konnte doch nicht glauben, dass sich das alles wirklich so zutrug. Orwell verfasste sein Werk als überspitzte Vision, doch holte ihn die Zukunft schneller ein, als es ihm lieb sein konnte. Was damals als Fiktion galt, ist heute schon lange Realität.

Im Anhang dieses Buches (S. 196) finden Sie eine Übersicht zu den oben geschilderten Szenarien mit den entsprechenden Quellenangaben. Erinnern Sie sich noch, dass ich Sie zu Anfang gebeten habe, selbst zu überlegen, welche davon real, welche frei befürchtet und welche die logische Konsequenz aus den aktuellen gesellschaftlichen Entwicklungen sein könnten? Schlagen Sie nun einmal nach und überzeugen Sie sich selbst!

Fragt man nach den Gründen, warum sich unsere Gesellschaft so entwickelt, dass man solche Szenarien auch nur annähernd für möglich halten könnte, dann kristallisiert sich meines Erachtens ein entscheidender Punkt heraus: Die Menschen kommen zunehmend mit sich und ihrem Umfeld nicht zurecht und verfügen über zu wenig Sozialkompetenz. Die Konsequenz aus diesem Defizit ist, dass unsere Gesellschaft insgesamt leidet und die Gräben zwischen den Bevölkerungsschichten und Generationen sich immer weiter vertiefen. Der Generationenkonflikt ist absehbar, der gesellschaftliche Bruch vorprogrammiert.

KAPITEL 2

SOZIALKOMPETENZ – DER GESELLSCHAFTLICHE ANKER

Erinnern Sie sich noch, wie das vor zehn Jahren war? Da sagte man: »Das, was da in den USA passiert, kann bei uns niemals passieren. Wir leben doch in einer sozial gefestigten Gesellschaft.« Und heute? Heute sind wir fast dort angekommen, wo die USA vor zehn Jahren standen.

Wie konnte das passieren? Vielleicht haben Sie beim Lesen des ersten Kapitels gedacht: »Das ist reine Utopie. So wird sich das niemals entwickeln, wir sind doch zivilisierte Menschen, die miteinander auskommen.« Ist das wirklich so? Viel wahrscheinlicher ist doch, dass man in 20 Jahren den Tatsachen wiederum ins Auge schauen und erkennen muss, dass es genau so gekommen ist. Denn ich garantiere Ihnen: Die derzeitige Jugendgewalt und die Wirtschaftskrise, die Amokläufe, die grassierende Arbeitslosigkeit und die gesellschaftlichen Probleme – das alles ist nur der Anfang.

Wenn wir jetzt nicht gegensteuern, müssen wir uns von gewohnten Gesellschaftsstrukturen verabschieden. Dann droht uns eine »Ein-Generationen-Gesellschaft«, in der die Alten bestimmen, sich von den Jungen aushalten lassen und ihr Leben auf deren Kosten genießen. Und das mit allen Konflikten, die eine solche Konstellation mit sich bringt.

Es lohnt sich daher, einen genauen Blick auf den Grund zu werfen, dem wir zu verdanken haben, dass sich die Gesellschaft in den letzten 20 Jahren so negativ entwickelt hat und dass die Prognosen aus dem ersten Kapitel der Wirklichkeit oft sehr nahe kommen dürften, wenn es so weitergeht wie bisher. Sie haben richtig gelesen: Die gesamte tragische Entwicklung unserer Gesellschaft lässt sich tatsächlich auf einen einzigen Grund zurückführen – auf den Verlust sozialer Kompetenzen!

Was ist soziale Kompetenz?

Zunächst einmal ist sie ein plakatives Schlagwort, häufig missbraucht und mindestens ebenso oft missverstanden. Soziale Kompetenz (im psychologischen Fachjargon: *adaptive behavior*) war in der Verhaltenspsychologie bis Mitte des letzten Jahrhunderts ein Kriterium zur Beurteilung kindlicher Entwicklung und zur Klärung der Frage, ob eine geistige Behinderung vorliegt oder nicht.[1] Sie wurde ebenso wie die Intelligenz getestet und gemessen, konnte sich jedoch langfristig gegenüber dem Intelligenzquotienten nicht durchsetzen. Wer damals keine soziale Kompetenz besaß, der war ohnehin »nicht ganz richtig im Kopf«. Der Unterschied zu heute bestand vor allem in der Annahme, dass der Intelligenzquotient qua Geburt mit auf den Lebensweg gegeben wird – und wer intelligent genug war, der lernte die soziale Kompetenz im Laufe seines Lebens von allein.

Tatsache ist: Sozialkompetenz spielte in der Psychologie sehr lange keine wirkliche Rolle. Deshalb lohnt es, sich den Begriff aus sprachlicher Sicht einmal näher anzuschauen: »Soziale Kompetenz« setzt sich aus den Worten »sozial« (auf das Zwischenmenschliche, Gemeinschaftliche bezogen) und »Kompetenz« (Vermögen, Fähigkeit, Zuständigkeit, Befugnis) zusammen. Ab-

1 Vgl. dazu z. B. Affleck, Glenn G. (1975): »Role taking ability and the interpersonal competencies of retarded children.« In: American Journal of Mental Deficiency, 80, S. 312–316; oder Holtz, Karl L. et al. (1995): Heidelberger-Kompetenz-Inventar für geistig Behinderte – Handbuch. Heidelberg.

geleitet wird Kompetenz vom lat. *competere*, das ein viel weiteres Begriffsfeld umfasst: zusammentreffen, zusammenfallen, ausreichen, kräftig sein, zustehen, zutreffen, möglich sein, verlangen, begehren. Das bringt uns zwar dem Kern der Sache näher, ist aber noch keine wirkliche Begriffserklärung. Es wird jedoch deutlich, dass sich unter dem Schlagwort »soziale Kompetenz« eine ganze Reihe sehr unterschiedlicher Fähigkeiten und Eigenschaften verbergen, die isoliert betrachtet zwar wünschenswert und positiv sind, aber nur in der Gesamtheit das Wesen eines Menschen beeinflussen. Was bedeutet das konkret?

Soziale Kompetenz erfordert im Hinblick auf die eigene Person unter anderem ein gesundes Maß an Selbstwertgefühl und Selbstvertrauen, Eigenverantwortung und Selbstdisziplin. Im Umgang mit anderen wiederum braucht es Achtung und Empathie, also Mitgefühl bzw. Einfühlungsvermögen, Kompromiss- sowie Konfliktfähigkeit, Menschenkenntnis und Kritikfähigkeit, Respekt und Toleranz sowie die Fähigkeit, das alles auch gut ausdrücken zu können, also Sprachkompetenz. Die Liste ließe sich beliebig fortsetzen. Dass soziale Kompetenz viele unterschiedliche Facetten besitzt, gehört zu den wenigen Erkenntnissen, über die sich die Wissenschaft in Bezug auf dieses Thema einig ist.[2] Im Berufsleben bezeichnet man mit »sozialer Kompetenz« häufig auch sogenannte Soft Skills, die ja bekanntlich nicht wirklich ernst genommen werden, denn mit »sanften Eigenschaften« können nur wenige etwas anfangen. Dabei sind diese Fähigkeiten genau das, was ein gut funktionierendes Unternehmen ausmacht: Teamfähigkeit und Motivation, Verantwortung und Fleiß, Flexibilität und Engagement.

Heute wissen wir, dass ein Mitarbeiter mit hohem IQ noch

---

2 Einen Überblick über die verschiedenen Bedeutungen von sozialer Kompetenz in der psychologischen Forschung liefert Kanning, Uwe P. (2003): Diagnostik sozialer Kompetenzen. Göttingen, Bern, Toronto, Seattle.

lange keine gute Führungspersönlichkeit abgibt – und dass soziale Kompetenz keine Selbstverständlichkeit mehr ist. Es ist unbestritten, dass sie kontinuierlich abnimmt. Erstaunlicherweise wird in der Literatur jedoch diskutiert, dass gerade das Fehlen von Sozialkompetenz zum Motor für so manche Karriere werden könne. So beschreibt beispielsweise das Autorenduo Paul Babiak und Robert Hare[3], wie es Psychopathen gelingt, unbemerkt und sehr effektiv die Karriereleiter heraufzuklettern. Ein bemerkenswerter Befund.

Auch bei immer mehr Jugendlichen fehlen soziale Kompetenzen fast gänzlich – und diese Entwicklung vollzieht sich bereits seit fast 50 Jahren. Früher waren es nur Einzelne, die geringe soziale Kompetenz besaßen, so dass sich dieses Manko von der Gesellschaft gut auffangen ließ. Wenn sich dieses Ungleichgewicht nun jedoch verstärkt, wird der Mangel zum gesamtgesellschaftlichen Problem. So haben beispielsweise immer häufiger Jugendliche und junge Erwachsene Schwierigkeiten, sich erfolgreich und dauerhaft in die Arbeitswelt zu integrieren. Aussagen wie »Viele Jugendliche sind nicht ausbildungsreif«[4] oder »Jung, perspektivlos, sucht nicht«[5] sind nur einige Überschriften, unter denen dieser Mangel in den Medien diskutiert wird. Der deutsche Kinderpsychiater Michael Winterhoff und die Arbeitspsychologin Isabel Thielen[6] sehen darin Entwicklungsdefizite, die bis in die Kindheit zurückreichen: »Konnten in Kindergarten

3 Babiak, Paul; Hare, Robert (2007): Menschenschinder oder Manager. Psychopathen bei der Arbeit. München.

4 http://www.focus.de/schule/schule/berufskompass/berufsbildungsbericht-2010-viele-jugendliche-sind-nicht-ausbildungsreif_aid_486298.html, 09. 11. 2011.

5 http://www.spiegel.de/unispiegel/jobundberuf/0,1518,753847,00.html, 09. 11. 2011.

6 Winterhoff, Michael; Thielen, Isabel (2010): Persönlichkeiten statt Tyrannen, oder: Wie junge Menschen in Leben und Beruf ankommen. München, S. 20 f.

und Schule bedenkliche Entwicklungen noch vertuscht werden, indem die allgemeinen Anforderungen gesenkt oder Notenspiegel nach oben korrigiert wurden, so ist dieser Vorgehensweise im beruflichen Alltag eine natürliche Grenze gesetzt.«[7] Das Ergebnis dieser Entwicklung sehen wir täglich. Wir sind heute konsum-, karriere- und statusorientiert, doch nur sehr wenige von uns orientieren sich in Richtung Mensch. Die Zahl der Leute, die weder mit sich selbst noch mit ihrem Umfeld zurechtkommen, steigt permanent. Und daraus entstehen Konflikte, Lustlosigkeit, mangelnde Eigenverantwortung und immer mehr Gewalt – das schadet unserer Gesellschaft.

Lassen Sie uns noch mal einen Schritt zurücktreten und versuchen, den Kern der Sozialkompetenz auf einen allgemeingültigen Nenner zu bringen. Denn in der Interpretationsvielfalt liegt eines der Hauptprobleme. In der Praxis trifft man immer noch auf eine große begriffliche Bandbreite. Fast jeder Trainer, Coach und Personalentwickler definiert »soziale Kompetenzen« ein wenig anders, ja sogar Psychologen und Pädagogen sind sich meist uneinig. Meine Definition, die in der Fachwelt immer mehr Zuspruch findet, ist relativ schlicht und leicht verständlich: Sozialkompetenz ist die Fähigkeit, mit sich selbst und seinem Umfeld (optimal) zurechtzukommen.[8] Zugegeben, diese Definition ist stark vereinfachend, jedoch beinhaltet dieser Satz alles, was über Sozialkompetenz veröffentlicht und gesagt wurde. Vor allem aber erfasst sie Sinn und Zielsetzung sozialer Kompetenzen: Mit sich selbst und mit seinem Umfeld (optimal) zurechtkommen kann nur, wer ein gesundes Maß an Selbstwertgefühl und Selbstvertrauen besitzt. Er muss darüber hinaus über genügend Eigenverantwortung und Selbstdisziplin verfügen, um

---

7 Ebd.

8 Vgl. auch Rampus, K. (1947): »Social competence«. In: Journal of Abnormal and Social Psychology, 26, S. 681–687.

sein Leben im Einklang mit anderen zu leben. Wer nie gelernt hat, anderen Menschen Achtung, Respekt und Toleranz entgegenzubringen, weder Mitgefühl noch Einfühlungsvermögen besitzt und nicht weiß, wie man Kompromisse schließt und Konflikte bewältigt, der kann mit anderen Menschen einfach nicht zurechtkommen.

Bei genauerer Betrachtung wird eines ganz deutlich: Wer mit sich selbst gut zurechtkommt, über Eigenmotivation und Selbstdisziplin verfügt und das nötige Selbstvertrauen sowie die innere Gelassenheit besitzt, ist ausgeglichener, belastbarer und aufnahmefähiger. Zudem legt eine positive Ausstrahlung und mentale Stärke, verbunden mit der Fähigkeit, seine eigenen Gedanken und Bedürfnisse zu kommunizieren, den Grundstein für körperliches und seelisches Wohlbefinden. Wer mit seinem Umfeld gut zurechtkommt, wird weniger Konflikte bewältigen müssen und mehr Freunde und Mitstreiter finden. Somit wird klar: Sozialkompetenz ist der Schlüsselfaktor für ein zufriedenes und erfolgreiches Leben!

Zum Lernen ist es nie zu spät!

Der Schlüssel für ein zufriedenes und erfolgreiches Leben – wer möchte ihn nicht in seinen Händen halten? Kaum ein Mensch kann sich diesem grundlegenden Wunsch entziehen. Lassen Sie uns zunächst jedoch mit einigen weit verbreiteten Irrtümern aufräumen: Es gibt Menschen, die behaupten, man sei von Natur aus entweder sozial kompetent oder nicht. Wieder andere schieben den Mangel an sozialen Fähigkeiten den anderen zu, schließen sich aber selbst davon aus, weil es sie angeblich nicht betrifft. Und schließlich gibt es noch jene, die alles, was man nicht sehen oder messen kann, ohnehin für irrelevant erachten.

Auf einer sehr allgemeinen Ebene wird niemand bestreiten,

dass man immer und in jedem Alter lernfähig ist. Nicht umsonst sind Kurse an Volkshochschulen und ähnlichen Instituten ein beliebter Zeitvertreib für viele Senioren, sind Skischulen im Winter ständig ausgebucht und Schnupperkurse für diese und jene Fertigkeit bei Erwachsenen besonders begehrt. Schon allein wenn man die Tageszeitung aufschlägt und zu lesen beginnt, lernt man. Und ebenso verhält es sich mit der Sozialkompetenz: Man kann sie lernen, wenn man sie nicht besitzt, und man sollte sie trainieren und optimieren, wenn man sie beherrscht.

Soft Skills gehören zum Bereich des intuitiven Lernens. Die erste Anlaufstation dafür bieten die eigenen Eltern und – früher oder später – auch das erweiterte kindliche Umfeld.

Ein gutes Beispiel dafür ist der kindliche Spracherwerb, denn die Muttersprache erwerben wir ganz nebenbei durch das Zuhören und Nachahmen dessen, was uns vermittelt wird. Daher wissen wir, dass Eltern, die viel mit ihren Kindern sprechen und sie in die Kommunikation einbinden, später mit sprachbegabtem Nachwuchs gesegnet sind. Mit der reinen Sprachfähigkeit allein ist es allerdings nicht getan. Spätestens wenn wir ins Berufsleben eintreten und mit anderen Menschen auf fachlicher Ebene kommunizieren, stellen wir fest, dass die einen besser reden und andere wiederum, obwohl sie die gleiche Fachkompetenz besitzen, ihr Wissen nur schwer vermitteln können. Was machen Letztere also? Sie versuchen, ihrer persönlichen Schwäche auf den Grund zu gehen, und begeben sich – je nach persönlicher Ausgangssituation – in die erfahrenen Hände eines Stimmtrainers oder besuchen ein Rhetorik-Seminar.

Was einerseits so logisch und nachvollziehbar erscheint, ist in Bezug auf die sozialen Kompetenzen nicht allgemein anerkannt. Gern lässt man diese Fähigkeiten, sofern man sie besitzt, schleifen, so dass sie nicht gefordert werden und somit auch nicht trainiert werden können – geschweige denn, dass man daran interessiert wäre, sie bestmöglich auszubauen. Doch genau das sollten wir tun, wenn wir nach einem zufriedenen und erfolgreichen Leben streben.

Der Glaube, dass man seine eigenen sozialen Kompetenzen nicht weiterentwickeln müsse, ist ein fataler Irrtum. Kein Leistungssportler würde je behaupten, er benötige kein Training mehr, denn er sei ja schon Spitzenklasse und werde dies automatisch auch bleiben. Es gibt unzählige Beispiele dafür, dass mit dieser Einstellung der Niedergang einsetzt. Das gilt für den Sport ebenso wie für alle anderen Bereiche des Lebens.

Erinnern Sie sich noch an Ihren ersten Computer? An das erste Handy? Was wäre, wenn Sie heute noch genau mit dem gleichen Modell arbeiten oder telefonieren müssten? Seien Sie ehrlich: Das wäre eine Katastrophe! Die neuen Geräte, die Sie heute ganz selbstverständlich benutzen, haben Sie im Vorfeld dazu gezwungen, Ihre Fähigkeiten – in diesem Fall in Bezug auf die Technik – weiterzuentwickeln. Gerade wenn Sie am Ball bleiben wollen, ist es unerlässlich, die eigenen Fähigkeiten laufend zu optimieren. Wenn nicht, verpassen Sie den Anschluss. Und genauso verhält es sich mit den sozialen Kompetenzen: Wenn Sie sich nicht kontinuierlich darum bemühen, diese zu nutzen und zu optimieren, geraten Sie zwangsläufig ins Hintertreffen.

Die Skeptiker wollen Fakten sehen, wollen Beweise dafür, dass der Einsatz sich lohnt. Wenn wir Sozialkompetenz so definieren, wie ich es oben getan habe, dann sind diese sozialen Fähigkeiten und deren Auswirkungen sehr wohl überprüfbar. Das beginnt bei messbarer höherer Leistung und reicht über eine nachweislich verbesserte Konzentrationsfähigkeit bis hin zu deutlich gesteigertem Selbstvertrauen. In der Folge kommt es zu einem Rückgang an Konflikten, einer besseren gesundheitlichen Verfassung, größerer Teamfähigkeit und erhöhter Eigenmotivation. Für Unternehmen bedeutet das beispielsweise, dass sich das Betriebsergebnis messbar erhöht – und zwar einfach nur dadurch, dass die Teammitarbeiter, aufgrund des durch das Training perfektionierten Zusammenspiels aller, mehr soziale Kompetenz in den Arbeitsalltag einbringen.

Denn meiner Erfahrung nach gilt: Wirklich privat zufrieden und beruflich erfolgreich sind ausnahmslos jene Menschen, die sich fortwährend um die Erweiterung ihrer sozialen Kompetenzen bemühen – auf welche Weise auch immer, mit welchen Methoden auch immer und mit wessen Hilfe auch immer.

Konditionierungen – Wie wir werden, was wir sind

Wenn Babys auf die Welt kommen, stürmen von einer Sekunde zur anderen vielerlei Eindrücke auf sie ein. Nicht nur die Eltern und Geschwister, sondern auch Ort und Umstände, in welche Kinder hineingeboren werden, entscheiden von Anfang an maßgeblich über ihre weitere Entwicklung. So sind in der Regel die Eltern die ersten Vorbilder, die prägend auf Kinder wirken. Von den Eltern lernen wir vieles, was uns guttut und uns im späteren Leben weiterbringt. Wir übernehmen aber genauso auch manches, was uns weniger guttut, auch wenn wir das auf den ersten Blick vielleicht nicht erkennen können.

Prägungsfeld 1: Die Eltern

Unsere Eltern sind für uns im Kindesalter – provokant ausgedrückt – wie Diktatoren: Sie lieben, loben und bestrafen, sie lehren uns, was gut und böse ist. Sie gestalten unser Weltbild, vermitteln Religion und Moral, prägen die politische Meinung und kulturelles Interesse. Hinter der geschlossenen Wohnungstür beginnt die Diktatur – das war zumindest früher generell so, häufig gilt es heute noch. Aber eben nicht immer, denn die Eltern sind nicht der einzige prägende Einfluss auf ein Kind: Das Umfeld tut sein Übriges. Prägung und Konditionierung finden ein Leben lang statt: Nach den Eltern kommt die Schule, die Ausbildung, das Studium, der Job. Immer lernen wir, wie wir sein dürfen und wie wir nicht sein sollten. Aber lernen wir dabei auch, wer wir wirklich sind?

Lassen Sie uns zunächst die Begrifflichkeiten klären: Es geht hier um Konditionierung. Dieser Begriff stammt aus der behavioristischen Lernpsychologie, die sich mit dem Lernen nach dem Reiz-Reaktions-Muster *(stimulus-response)* beschäftigt und die Basis für das Training sozialer Fähigkeiten darstellt. Die zugrunde liegende Theorie unterstellt, dass innere Vorgänge wie Gefühle und Gedanken sich jeglicher wissenschaftlicher Untersuchung entziehen. Dabei unterscheidet man *klassische Konditionierung*, bei der man keine Kontrolle darüber hat, wie man auf einen bestimmten Reiz reagiert, und *operante Konditionierung*, die eigentlich spontanes Verhalten unterbindet, da man sich der möglichen Konsequenzen bewusst ist.[9] Wenn es im Folgenden nun um Konditionierung geht, dann immer um die *operante Konditionierung*, denn das sind die Erfahrungen, Denk- und Verhaltensmuster, die wir von unserem Umfeld respektive den Eltern in der prägenden Kinder- und Jugendzeit übernommen haben.

Unsere Konditionierung entscheidet darüber, welchen Denk- und Verhaltensmustern wir folgen. Alles, was wir vorgelebt, gezeigt und vermittelt bekommen, speichern wir ab, und je öfter und intensiver eine bestimmte Sache abgespeichert wird, desto mehr bestimmt und beeinflusst sie künftig unsere Denkweise und unser Verhalten. Hier wird beispielsweise der Grundstein für Vorurteile gelegt, das heißt, wir bilden uns aufgrund von

---

9 Vgl. dazu: Beelmann, Andreas (2003): »Wirksamkeit eines sozialen Problemlösetrainings bei entwicklungsverzögerten Vorschulkindern«. In: Zeitschrift für Pädagogische Psychologie 17 (1), S. 27–41; Schneider, Barbara (1989): »Between developmental wisdom and children's social-skills training«. In: dies. (Hrsg.): Social competence in developmental perspective. Dordrecht, S. 339–353.

außen übernommenen Kategorisierungen ein Urteil, bevor wir die Fakten kennen. Manche Experten gehen sogar so weit und behaupten, dass der Mensch zu 99 Prozent eine »willenlose Maschine« sei, die lediglich folgsam ausführe, was der Datenspeicher vorgebe.

Ob man den Konditionierungen eine so weitreichende Machtbefugnis über das eigene Leben einräumen sollte, erscheint fragwürdig. Denn auf der anderen Seite gibt es jene, die die Gene für bestimmte Verhaltensweisen verantwortlich machen wollen.[10] Unbestritten bleibt: Die Konditionierungen beeinflussen unser Denken und unser Verhalten ganz wesentlich. Eingedenk dessen ist nun auch zu bewerten, welche Konditionierungen heute an heranwachsende Generationen weitergegeben werden.

Im Wesentlichen gilt es, vier Konditionierungsfelder im Bereich der Sozialkompetenz genauer zu beleuchten: das Elternhaus, die Schule, das Umfeld und die Medien. Die wichtigsten Konditionierungen bekommen Kinder – wie eingangs erwähnt – von ihren Eltern. Da werden beispielsweise Denkmuster vermittelt, die im Wesentlichen auf den Erfahrungen der Erwachsenen beruhen. Ein paar Beispiele: »Es ist immer jemand für dich da«, »Ehrlichkeit zahlt sich aus«, »Man muss Kompromisse machen können und auf den anderen eingehen«, »Anderen zu helfen, ist eine gute Sache«, »Jedes Problem kann gelöst werden, indem man sich zusammensetzt und darüber redet«, »Man redet nicht schlecht über andere«, »Versuche, andere Menschen zu verstehen, bevor du über sie urteilst« oder: »Du kannst dich auf die Menschen verlassen.« Allerdings kann hier auch das Gegenteil vermittelt werden, also »Du kannst dich

---

10 Spätestens seit der Entzifferung des menschlichen Genoms im sogenannten Humangenomprojekt wird von etlichen Wissenschaftlern die These vertreten, dass die gesamte menschliche Existenz samt aller kulturellen und sozialen Phänomene von den Genen gesteuert werde (vgl. z. B. Wilson, Edward. O (1989): Die Einheit des Wissens. Berlin).

auf niemanden verlassen.« Gerade solche gegensätzlichen Konditionierungen sind es, die eine Person langfristig verunsichern können.

Nun hat sich in der Beziehung zwischen Eltern und Kindern in den letzten Jahren sehr viel verändert. Der Kinder- und Jugend-Psychiater Michael Winterhoff zeigt hier drei unterschiedliche, doch allesamt problematische Beziehungsmodelle auf: die Partnerschaft, die Symbiose und die Projektion.[11]

Bei der partnerschaftlichen Eltern-Kind-Beziehung werden Kinder als gleichwertige Partner angesehen. Dadurch verschwinden die klassischen Familien-Hierarchien. Das Kind als gleichberechtigter Partner ist überfordert und entwickelt in der Konsequenz zahlreiche Defizite, zum Beispiel innere Unruhe, Konzentrationsstörungen oder übersteigertes Selbstbewusstsein, insbesondere im Bereich der Sozialkompetenz.

Bei symbiotischen Eltern-Kind-Beziehungen verschwinden die Grenzen der eigenständigen Persönlichkeiten, so dass Eltern sich als Teil des Kindes sehen und für dessen Verhalten die Verantwortung übernehmen. Daraus resultieren wiederum Kinderseelen, die sich aus einem frühkindlich-narzisstischen Entwicklungsstadium nicht weiterentwickeln können. Die Kinder werden zu Tyrannen.

Bei der projektiven Eltern-Kind-Beziehung gerät der Erwachsene in Abhängigkeit zum Kind, weil er versucht, einen Mangel an Anerkennung und Liebe zu kompensieren. Es handelt sich um eine Form des emotionalen Missbrauchs, denn es bringt das Kind zu der fatalen Erkenntnis, über dem Erwachsenen zu stehen und diesen steuern zu können. Dass in solchen Familienverbänden keine Strukturen vorgegeben werden, liegt auf der Hand.

11 Winterhoff, Michael (2009): Tyrannen müssen nicht sein – warum Erziehung allein nicht reicht – Auswege. München, S. 16 ff.

Es gibt somit Eltern, die ihre Macht missbrauchen, ebenso wie es Eltern gibt, die machtlos sind. Beides prägt und schadet den Kindern. Selbst wenn es sich in Ihrer Familie anders verhalten sollte, wenn dort Hierarchie und Struktur noch intakt sind, kommt Ihnen das sicher bekannt vor. Denn immer mehr Eltern kommen mit den eigenen Kindern nicht mehr zurecht. Das könnte daran liegen, dass die Eltern heutzutage ebenfalls mehr zu kämpfen haben und häufig Stress ausgesetzt sind. Im Gegensatz zu früheren Zeiten betrifft dies beide Elternteile. Ein anderer Grund könnte sein, dass bereits die Eltern eine entsprechende Konditionierung erlebt haben.

Meiner Ansicht nach ist es traurige Gewissheit, dass immer weniger Kinder die zuvor zitierten Werte vermittelt bekommen. Glückliche Kinder im klassischen Sinn gibt es kaum noch. Die meisten erhalten eine gegenteilige Konditionierung, die in der Folge dazu führt, dass diese Kinder schlecht mit sich selbst und ihrem Umfeld zurechtkommen. Im Fernsehen kann man sich dazu regelmäßig traurige Beispiele ansehen, wie zum Beispiel bei Katja Saalfrank, der Super-Nanny.[12] Doch es wäre falsch, den Eltern alle Schuld zuzuschieben. Jeder Mensch erlebt in seiner Jugend Verletzungen und Frustrationen – nur der Umgang damit ist höchst individuell. Außerdem wirkt nicht nur das Elternhaus prägend auf junge Menschen: Die Schule tut das auch.

Prägungsfeld 2: Die Schule

»Nicht für die Schule, sondern fürs Leben lernen wir«,[13] lautet der bekannte Sinnspruch in Anlehnung an den römischen Philosophen Seneca. Eine schöne Aussage – allerdings dauert es in

---

12 Vgl. dazu: Saalfrank, Katharina (2006): Die Super Nanny: Glückliche Kinder brauchen starke Eltern. München.

13 Moralische Briefe an Lucilius *(Epistulaemorales ad Lucilium)*, XVII, 106, 12.

der Regel viele Jahre, bis diese Erkenntnis beim Schüler angekommen ist. In der Grundschule mag das noch anders sein, weil sich Kinder meistens darauf freuen, lernen zu dürfen. Doch der Enthusiasmus verfliegt schnell, die Realität entspricht immer seltener dem Ideal, und wenn etwas nicht so klappt wie gewünscht, richtet sich der kritische Blick rasch auf die Eltern – schließlich beginnt die Prägung im Elternhaus.

Häufig besitzen die Kinder bei der Einschulung gerade mal ein Mindestmaß an sozialer Kompetenz. Das verursacht zwangsläufig Probleme auf allen Seiten, sowohl beim Kind als auch beim Lehrer und den Klassenkameraden. Wer Regeln nicht versteht und nicht einhält, tut sich in der Klassengemeinschaft schwer. Ruhig sitzen bleiben, nicht dazwischenquatschen, zuhören, den anderen ausreden lassen – das sind alles Dinge, die viele Kinder bis zur Einschulung noch nicht gelernt haben. Dadurch haben sie Schwierigkeiten, sich zu integrieren, bleiben Einzelgänger, finden keinen Anschluss. Sozial kompetente Kinder fügen sich hingegen meist problemlos in die Gemeinschaft ein, finden Freunde und Anerkennung.

Zu den weiteren Problemen, die Kinder mit mangelnder Sozialkompetenz betreffen, gehört beispielsweise, auf das ständige Feedback des Lehrers angewiesen zu sein. Bei einer Klassengröße von bis zu 30 Schülern bleiben dabei Schwierigkeiten nicht aus. Das gilt ebenso für Kinder, die, als Folge mangelnden Selbstvertrauens, unter Aufmerksamkeitsdefiziten leiden. Die Lehrer stehen diesen Entwicklungen oft machtlos gegenüber.

Ohnehin haben es die Lehrkräfte heute viel schwerer, weil es ihnen doch häufig an Autorität mangelt. Diese zu erwerben und durchzusetzen wird schwieriger, seitdem neue pädagogische Anforderungsprofile Einzug gehalten haben. Das beginnt schon bei der Wortwahl: Heutzutage werden den Schülern »Unterrichts-Angebote« gemacht. Dahinter verbirgt sich eine gute Idee, denn es sollen die Entscheidungsfreudigkeit, die Eigeninitiative und die Selbstständigkeit der Schüler gefördert werden. Man setzt dabei auf die kindliche Neugier und Lernbereitschaft.

Ideal wäre natürlich, wenn Schüler von Lehrern lernen dürften, die selbst neugierig und engagiert bei der Sache sind. Engagiert bedeutet in diesem Zusammenhang auch, Lehrkräfte zu haben, die sich ihrer verantwortungsvollen Aufgabe, nämlich der Konditionierung ihrer Schützlinge, bewusst sind und folgende Konditionierungen fördern: »Lernen macht Spaß und Freude«; »Neues ausprobieren ist spannend und man muss nicht enttäuscht sein, wenn es anfangs nicht sofort klappt.« Des Weiteren wäre es schön, wenn in der Schule weniger über Schwächen gejammert würde und man sich stattdessen auf die Stärken der Schüler konzentrierte und diese ausbaute. Leistung ist wertvoll, aber ein Schüler verliert nicht an Wert, wenn er nicht stetig die gleiche Leistung abliefert. Diese psychologische Entlastung würde allen Seiten guttun und die Lernbereitschaft wie -begeisterung steigern.

Eine der wichtigsten Botschaften, die in der Schule vermittelt werden kann, lautet: Gegenseitiger Respekt und Akzeptanz bilden die Basis für jede Problemlösung. Sehr viele Lehrer starten enthusiastisch in ihren Beruf und werden dann von der Realität eingeholt. Der strikte Lehrplan einerseits und die hohen Erwartungen der Eltern andererseits führen bei vielen schnell zu Frustration bis hin zum Burn-out.[14] Der Teufelskreis dabei: Engagierte Lehrkräfte können nur auf den Konditionierungen aufbauen, die die Kinder in ihren ersten Lebensjahren durch ihr Elternhaus vermittelt bekommen. Darum ist es sehr wichtig, dass Lehrer und Eltern hier Hand in Hand arbeiten: Die Eltern

---

14 Vgl. dazu: Frank, Heike (2010): Lehrer am Limit: Gegensteuern und durchstarten. Ein Lehrer-Ratgeber mit Sofortwirkung und Langzeiteffekt. Weinheim, Basel; oder Hagemann, Wolfgang (2009): Burn-out bei Lehrern: Ursachen, Hilfen, Therapien. München.

bereiten den Boden durch eine solide Vermittlung der sozialen Grundkompetenzen, auf denen die Lehrkräfte aufbauen können, um schließlich Wissen und neue Fähigkeiten zu säen und zu fördern. Auf diese Weise entwickelt sich das Prägungsfeld Schule nicht mehr zum Stressfaktor, sondern zur wertvollen Lebensphase, die umfassende Weiterentwicklung und adäquate Vorbereitung auf das Erwachsenenleben verbindet.

Prägungsfeld 3: Das persönliche Umfeld

Ein afrikanisches Sprichwort sagt: »Um ein Kind zu erziehen, braucht es ein ganzes Dorf.« Charmant wird damit umschrieben, dass auch das Umfeld der Heranwachsenden seinen Anteil an der Konditionierung und Vermittlung von Werten hat. Je älter Kinder werden, desto einflussreicher sind die Prägungen von außen. Ganz am Anfang steht das Lernen durch Nachahmung – kleine Kinder lernen eigentlich nur auf diese Weise. Sie kopieren ihre Eltern und alle anderen Menschen, die zu ihrem sozialen Bezugsfeld gehören. Verhaltensmuster werden zunächst nicht reflektiert, sondern schlicht übernommen. Wie gehen die Eltern miteinander um? Ist der Ton von Respekt und gegenseitiger Achtung geprägt oder respektlos und ignorant? Ergänzt wird das Ganze durch eigene Erfahrungen. Dabei spielen Schule und Freizeitaktivitäten natürlich eine wichtige Rolle.

Schule ist heute ein Schmelztiegel von Kindern unterschiedlicher ethnischer und sozialer Herkunft. Der Schulhof wird zum Spiegel unserer Gesellschaft und funktioniert nach eigenen Regeln. Die Interaktionen, zu denen es hier zwangsläufig kommt, können sorgsame Konditionierungen ins Wanken bringen. Denn statt respektvollen Umgangs hat dort schon längst die Macht des Stärkeren die Vorherrschaft übernommen. Diese Missstände wurden in dem bekannten Brandbrief aufgezeigt, den die Rektorin der Rütli-Schule in Berlin-Neukölln im Jahr 2006 an den Berliner Bildungssenator schickte:

»Unsere Bemühungen, die Einhaltung der Regeln durchzusetzen, treffen auf starken Widerstand der Schüler/innen. Diesen Widerstand zu überwinden, wird immer schwieriger. In vielen Klassen ist das Verhalten im Unterricht geprägt durch totale Ablehnung des Unterrichtsstoffes und menschenverachtendes Auftreten. Lehrkräfte werden nicht wahrgenommen, Gegenstände fliegen zielgerichtet gegen Lehrkräfte durch die Klassen, Anweisungen werden ignoriert.«[15] Der Brief zeigt zum einen die prekäre Situation der Lehrer in sozialen Brennpunkten, zum anderen aber auch, dass die Kinder starke Persönlichkeiten sein müssen, um sich diesem Trend zu entziehen. Tatsache ist: Der Umgang mit anderen ist zunehmend von Misstrauen, Angst und Aggressivität geprägt. Stress, Hektik und daraus resultierende Ignoranz bestimmen den Alltag, und das beschränkt sich nicht nur auf den Schulhof. Einen »gesunden Egoismus« – welch ein Widerspruch in sich! – brauchen wir nach verbreiteter Meinung, um zu überleben. Auch das sind leider Konditionierungen, die sich tief in Kinderseelen fressen und deren Entwicklung nachhaltig bestimmen.

Prägungsfeld 4: Die Medien

Die drei bisher behandelten Konditionierungsfelder – Elternhaus, Schule und Umfeld – haben sich in den letzten Jahren zweifellos so stark und schnell gewandelt wie selten zuvor. Fatalerweise, möchte man fast sagen, ist ein zunehmend einflussreiches viertes Konditionierungsfeld hinzugekommen: die Medien. Man könnte nun anfangen, nach guten und schlechten Medien zu unterscheiden. Doch das wäre zu einfach. Viel wichtiger sind der leichte Zugang zu Medien, die sich auf Kinder heutzutage prägend auswirken, und die daraus resultierenden Konsequen-

15 Zitiert nach: http://www.spiegel.de/schulspiegel/0,1518,408803,00.html, 10.11.2011.

zen. Wir leben in einer multimedialen Welt, die jederzeit und praktisch jedem zur Verfügung steht. Ein naheliegendes Beispiel ist das Fernsehen. Früher gab es die »Kinderstunde« der öffentlich-rechtlichen Sendeanstalten, heute gibt es einen »Kinderkanal«. Damit steigt der Konsum automatisch. Nur sehr wenige Eltern schaffen es, die Fernsehzeit konsequent zu beschneiden und auf ein Minimum zu reduzieren. Bücher verschwinden aus vielen Kinderzimmern, Computer und Fernseher treten an ihre Stelle. Niemand sollte den Eltern daraus einen Vorwurf machen, denn den Kindern dies zu verweigern würde bedeuten, das Rad der Zeit anzuhalten. Ein verantwortungsvoller Umgang damit darf hingegen schon erwartet werden, doch zur Kontrolle und Auseinandersetzung fehlt vielen Eltern schlicht die Zeit und eine weitere entscheidende Fähigkeit: die Kompetenz. Gemeint ist damit eine allgemeine Medienkompetenz, denn der technische Fortschritt war noch nie so rasant wie in den letzten 20 Jahren.

Erinnern Sie sich noch, wie die ersten Faxgeräte aussahen? Die Geräte hießen damals noch Fernkopierer und wurden 1974 von der Firma Infotec erstmals auf den freien Markt gebracht. Damals hatten sie noch die Größe eines Kühlschranks! Und die ersten Mobiltelefone? Lange Telefonate waren damit nicht möglich, so schwer waren diese Handys. Dafür war auch die Teilnehmerzahl noch überschaubar, denn nicht jeder konnte sich ein Gerät leisten.

Wir wollen das nicht weiter vertiefen, aber Tatsache bleibt, die technische Entwicklung war und ist rasant. So rasant, dass sich heute einige Jugendliche intuitiv besser mit den neuen Geräten auskennen als die erwachsenen Eltern, die noch aus dem analogen Zeitalter stammen. Die Kinder von heute, die sogenannten »digital natives«[16], besitzen und pflegen einen ganz anderen Zu-

---

16 www.digitalnative.org – Forschungsprojekt des Berkman Center for Internet & Society an der Harvard University und des Research Center for

gang und Umgang mit den Medien allgemein und mit der vernetzten Welt im Besonderen. Darin liegt auch einer der wichtigsten Gründe, warum sich der Einfluss der Medien auf Kinder den Kontrollmöglichkeiten der Eltern entzieht.

Der selbstverständliche Umgang der jungen Generation mit den Medien ist aber nur eine Facette des Problems, eine andere liegt in der Qualität der vermittelten Informationen. Schauen Sie sich doch einmal eine Nachrichtensendung an und versuchen Sie sich danach an die Nachrichten zu erinnern, die Positives vermeldet haben. Sie werden mit großer Wahrscheinlichkeit scheitern. Will man den Nachrichten glauben, so reiht sich täglich eine Katastrophe an die nächste: Hungersnöte in Afrika, Bürgerkriege in der muslimischen Welt, Wirbelstürme in Amerika, atomare Katastrophen in Japan, Erdbeben in der Türkei, Finanzkrise in Europa – die Liste ließe sich beliebig fortsetzen. Auffällig daran ist, dass das Gute und Schöne kaum noch Sendezeit bekommt. Unsere Medien sind süchtig nach Katastrophen, und je mehr wir davon konsumieren, desto mehr wollen wir davon. Der Effekt: Nur selten sind wir noch betroffen von einer Katastrophennachricht; wir stumpfen ab. Und unsere Kinder stumpfen mit ab, konsumieren alles Unglück dieser Welt, als ginge es sie nichts an.

Mancher wird sagen: »Das war früher anders.« Richtig, denn früher mussten Nachrichten aus aller Welt per Telefon oder Fax übermittelt werden, heute geschieht es digital. Mit mobilem Internet und Handykameras wird live aus jeder Ecke der Welt

---

Information Law an der Universität von St. Gallen; Marc Prensky: »Digital Natives, Digital Immigrants.« In: On The Horizon, MCB University Press, Vol. 9 No. 5, Oktober 2001.
Der Begriff »digital natives« hat sich in der Fachwelt anstelle des zuvor verwendeten Begriffs »Generation Internet« etabliert. Die älteren Generationen sind »digital immigrants« – also solche, die den Übergang vom analogen zum digitalen Zeitalter bewusst miterlebt haben.

berichtet – in Echtzeit.[17] Die Medien schüren diesen Hype nicht nur, um den Profit oder die Einschaltquoten bzw. Auflagenzahlen zu erhöhen, sondern liefern schlussendlich auch das, was das Publikum will: Sensationen und die Befriedigung eines morbiden Voyeurismus.

Was macht das nun im Hinblick auf die Konditionierung mit unseren Kindern? In erster Linie werden hier die falschen beziehungsweise gar keine Werte vermittelt. Und das Fatale daran: Weder Eltern noch Umfeld haben die Zeit und die Möglichkeiten, diese Katastrophenflut an negativen Meldungen zu bewerten und gemeinsam mit den Kindern zu reflektieren. Das liegt unter anderem daran, dass die Nachrichtenflut aus den verschiedensten Richtungen kommt, so dass beispielsweise Eltern diese nicht immer zeitnah reflektieren und bewerten können. Erwachsene sind zudem abgestumpft – die Kinder allerdings sind mit der Nachrichtenflut oft heillos überfordert.

Der Kinderpsychiater Michael Winterhoff glaubt, dass sich die kindliche Psyche nicht mehr altersgemäß entwickeln kann und dadurch äußere Eindrücke ungefiltert aufnimmt. In der Folge sieht er zwei Hauptprobleme:

»Reizüberflutung: Die Kinder sind nicht in der Lage, Wichtiges von Unwichtigem zu trennen. Alle Eindrücke stürmen auf sie ein und vermengen sich so, dass entscheidende Dinge nicht mehr wahrgenommen werden. Fehlendes Erkennen von Zusammenhängen: Die Kinder können beispielsweise nicht mehr aus Konflikten lernen. Verhaltensorientierte Reaktionen des Erwachsenen zeigen damit keine Wirkung.«[18] Diese erschreckende Erkenntnis zeigt, dass Aussagen wie »Jugendliche können sehr

---

17 So verbreitete sich das Video über die letzten Minuten des libyschen Diktators Muammar al-Gaddafi wie ein Lauffeuer um die ganze Welt. Sogar das Ende des monatelangen Bürgerkriegs wurde daran festgemacht.

18 Winterhoff (2011), S. 144.

wohl zwischen Fiktion und Realität unterscheiden« oder »Die in den Medien vermittelten Werte haben keinen Einfluss auf die Konditionierungen der Jugendlichen« nicht mehr als eine konsequente Verleugnung der Realität sind. Unsere Gesellschaft ist meines Erachtens vielmehr auf dem besten Weg, eine Generation zu erziehen, die alles, was ihr präsentiert wird, für bare Münze nimmt.

Welche zusätzlichen Konditionierungen von Video- und Internetspielen ausgehen, möchte ich an dieser Stelle der Phantasie des Lesers überlassen. Vor dem Hintergrund des zuvor Beschriebenen muss einem dabei angst und bange werden. Denn welche Konditionierung können Jugendliche und Kinder aus Internetspielen wohl erfahren, bei denen es darum geht, möglichst viele Gegner zu vernichten, um dann, tödlich getroffen, gleich wieder aufzustehen?

Gestern – heute – morgen

Konditionierungen sind entscheidend für unsere Denkmuster und Verhaltensweisen. Sie bestimmen über den Grad unserer Sozialkompetenz und sind auch für deren mögliches Fehlen verantwortlich. Aufgrund des starken Wandels der Konditionierungen von Kindern und Jugendlichen in den letzten 20 Jahren ist die Sozialkompetenz in unserer Gesellschaft immer weiter gesunken. Wenn sich unsere Gesellschaft dieser fatalen Entwicklung nicht entgegenstellt, wird sich dieser Prozess beschleunigen und intensivieren. Die Konsequenzen müssen wir alle tragen. Die Ursachen der Abwärtsspirale sind nicht schwer zu benennen, doch leider sind die Fehler der Vergangenheit heute nur noch schwer zu korrigieren.

KAPITEL 3

UNTERWEGS AUF DER ABWÄRTSSPIRALE: FÜNF GRÜNDE FÜR DEN VERLUST SOZIALER KOMPETENZEN

Was ist mit unserer Welt eigentlich los? Sind die unzähligen Katastrophen, die täglich Schlagzeilen machen, ein Anzeichen für den nahenden Weltuntergang? So weit möchte ich nicht gehen. Die Gründe für den drohenden gesellschaftlichen Zusammenbruch lassen sich – meines Erachtens – an einer Hand abzählen:

1. Sinkende Kommunikationsfähigkeit
2. Auflösung gesellschaftlicher Strukturen
3. Fehlgeleitete Emanzipation
4. Irreführende Rolemodels
5. Zu viele Möglichkeiten mit weitreichenden Folgen.

Diese fünf Faktoren sind verantwortlich dafür, dass soziale Kompetenzen immer seltener anzutreffen sind. Denn noch mal zur Erinnerung: Sozialkompetenz ist nach meiner Definition die Fähigkeit, mit sich selbst und seinem Umfeld (optimal) zurechtzukommen.

Grund 1: Sinkende Kommunikationsfähigkeit

Kommunikation total: Die »sprachlose« Gesellschaft

Die Basis jeglicher sozialer Kompetenz bildet zweifelsfrei die individuelle Kommunikationsfähigkeit. Ich behaupte, dass diese deutlich abnimmt. Nun erscheint das auf den ersten Blick widersprüchlich, denn wir leben heute ja in einer Kommunikationsgesellschaft. Es lohnt sich also, den Begriff genauer zu betrachten:

Der Begriff »Kommunikation« leitet sich vom Lateinischen *communicare* ab und bedeutet so viel wie »(mit-)teilen« oder auch »vereinigen«. Die erste Bedeutung zielt darauf ab, dass es in der Kommunikation mindestens zwei Beteiligte gibt: einen Sender, der einem Empfänger eine Nachricht mitteilen will. Die zweite Bedeutung hingegen bezieht sich mehr auf Kommunikation als Prozess. Hier geht es darum, dass die Nachricht auch richtig verstanden werden soll. Damit wird Kommunikation zur sozialen Handlung,[19] die mindestens zwei Menschen über das, was sie sich mitzuteilen haben, verbindet.

Der Begriff »Kommunikation« wird heute vielschichtig verwendet. In einem anderen Zusammenhang ist er beispielsweise mit dem Wort »Austausch« oder der »Übertragung« von Informationen gleichzusetzen. »Information« ist in diesem Zusammenhang ein Synonym für Wissen, Erkenntnis oder Erfahrung. Der Austausch von Informationen impliziert ein gegenseitiges Geben und Nehmen. Die Übertragung von Information suggeriert, dass dabei auch Distanzen überwunden oder gegensätzliche Positionen vereint werden – die Vorstellungen des einen werden zur Information und zu neuem Wissen für einen anderen. Doch ehe es zu kompliziert wird, beschränken wir uns zunächst auf die einfache zwischenmenschliche Kommunikationsdefinition, die Kommunikation als soziale Handlung versteht.

Kommunikation ist mehr als der Austausch von Worten. Man unterscheidet zwischen verbaler und nonverbaler Kommunika-

---

19 Vgl. dazu Martens, Will (1995): »Die Selbigkeit des Differenten. Über die Erzeugung und Beschreibung sozialer Systeme.« In: Soziale Systeme, 2, S. 301–328.

tion. Doch im Grunde ist diese Unterscheidung überflüssig, denn beides geht Hand in Hand: Die Worte, die wir sprechen, werden – ob wir es wollen oder nicht – durch Gestik, Mimik und Stimmlage begleitet. Das Vertrackte daran ist, dass die Worte, die wir äußern, nicht immer mit der Körpersprache im Einklang stehen und somit Missverständnisse fast vorprogrammiert sind. Denn zwischen dem, was man sagt, und dem, was man fühlt, liegen manchmal Welten – und noch mal größer ist dementsprechend der Abstand zu dem, was bei unserem Gegenüber ankommt. Denn auf der Empfängerseite gibt es eine gewisse Erwartungshaltung, die das Gesagte quasi automatisch interpretiert.

So viele Missverständnisse

Die kommunikativen Missverständnisse sagen jedoch noch wenig über die sozialen Fähigkeiten aus. Diese können durchaus vorhanden sein. Doch was nützt es, wenn Sie zwar über eine ausgeprägte soziale Begabung verfügen, diese aber nicht zur Anwendung bringen können, weil Sie weder die sprachlichen noch die nonverbalen kommunikativen Fähigkeiten besitzen, um mit Ihrem Umfeld in Kontakt zu treten? Relativ wenig.

Daher bin ich überzeugt, dass viele Jugendliche bei Weitem nicht so sozial inkompetent sind, wie dies auf den ersten Blick erscheinen mag oder wie oft behauptet wird. Aus langjähriger Erfahrung weiß ich, dass viele Menschen, denen man einen Mangel an sozialen Fähigkeiten vorwirft, sich einfach nicht verständlich machen können. Das bedeutet, sie können nicht ausdrücken, was sie empfinden, was sie denken, was sie für richtig halten und so weiter. Deshalb werden sie meistens für sozial inkompetent gehalten – so lange, bis sie resignieren und denken: »Es wird schon etwas Wahres dran sein, wenn alle so über mich denken.« Doch genau diese Resignation ist gefährlich, denn sie kann zu einer Trotzreaktion und infolgedessen zur Abkoppelung in Randgruppen führen, weil sich die Jugendlichen dort akzeptiert fühlen. Diese jungen Menschen dann noch zu erreichen und zu persönlicher Weiterentwicklung zu motivieren ist ein schwieriges Unterfangen.

Dabei wäre es so einfach …

Würde jedoch von Anfang an – im Elternhaus, im Kindergarten, in der Schule – mehr darauf geachtet, dass Kinder und Jugendliche ihre Kommunikationsfähigkeiten entfalten, würde sich diese Problematik wahrscheinlich nicht oder nur in Einzelfällen stellen. Wer mit jungen Menschen Zeit verbringt, der sollte sie ermutigen, ihre Gefühle so auszudrücken, dass sie weder andere verletzen noch sich selbst unwohl damit fühlen. Man müsste sie üben lassen, ihre Meinung so mitzuteilen, dass ihr Umfeld diese akzeptiert, und mit ihnen gemeinsam das bewusste Erkennen und den bewussten Einsatz von Körpersignalen, Ausdruck und Ausstrahlung trainieren. Hierin liegt meines Erachtens eine der wichtigsten Aufgaben der Pädagogen. Die Belohnung: sozial kompetente Jugendliche, mit denen man konstruktiv zusammenleben und sich gemeinsam weiterentwickeln kann.

Wie sieht es in der Praxis aus?

Die Quelle für die Entwicklung kommunikativer Fähigkeiten ist die Familie. Die Muttersprache erlernen Kinder durch Zuhören. Das können sie aber nur, wenn hinreichend gesprochen wird. Schon daran krankt es bereits in vielen Familien: Die meisten Eltern sind derart im alltäglichen Stress gefangen, dass für ruhige, ausgedehnte Gespräche wenig Zeit bleibt, und zwar weder mit dem Partner noch mit den Kindern. Zwar suchen die Frauen als bekanntermaßen stärker kommunikative Persönlichkeiten immer wieder den Austausch. Die heute vielfach wirtschaftlich notwendige Doppelbelastung durch Beruf und Familie führt jedoch fast zwangsläufig auch bei Frauen zu einer Einschränkung der Kommunikation.

Es wird also weniger gesprochen, und wenn doch einmal ausführlich geredet wird, sind häufig die Inhalte, beispielsweise finanzielle Sorgen, nicht für Kinderohren bestimmt. Für die Kinder gibt es somit weniger Gelegenheit, Sprache aufzunehmen. Eine alternative, sogar noch bessere Möglichkeit, sprachliche Vielfalt zu vermitteln, bietet natürlich das direkte Gespräch mit den Kindern. Doch Sprechen und Zuhören impliziert die sprachliche wie auch emotionale Zuwendung zum Gesprächspartner, und da scheitert es leider häufig an der verfügbaren Zeit, so dass sich die direkte Kommunikation auf ein Minimum beschränkt.

Interessant ist auch, die Inhalte der Gespräche zu reflektieren: Ich persönlich habe immer wieder die Beobachtung gemacht, dass ein Großteil der Kommunikation, die Eltern mit ihren Kindern führen, aus Geboten, Verboten, Maßregelungen, Belehrungen und Vorschriften bestehen. Nur ein äußerst geringer Anteil lässt sich der Kategorie »Ermutigung, Zuneigung, Verständnis« zuordnen. Von einem durchweg positiven und konstruktiven Gedankenaustausch kann man jedenfalls kaum sprechen, denn nur die wenigsten Eltern sind sich dessen bewusst, was ihr Kommunikationsverhalten bei ihren Kindern bewirkt oder nicht bewirkt. Sie ahnen nicht, wie sehr die Persönlichkeit der Kinder, deren Werte und somit auch deren soziale Kompetenz durch die tägliche Kommunikation mit ihren Eltern geformt werden – und zwar sowohl im verbalen als auch im nonverbalen Bereich.

Als dritte Möglichkeit, sprachliche Vielfalt zu vermitteln, bietet sich das Vorlesen an, das allerdings wiederum mit dem entsprechenden Zeitfaktor verbunden ist. Es geht dabei nicht nur um das Vermitteln der Inhalte, sondern gleichermaßen um die vielfältigen Ausdrucksmöglichkeiten und Stilmittel, die sich durch Tonlage, Gestik und Mimik transportieren lassen.

Vielfalt versus Minimalismus

Glücklicherweise gibt es auch sehr viele Eltern, die sich ernsthaft bemühen, den Kindern das nötige sprachliche Ausdrucksvermögen mit auf den Lebensweg zu geben. Sie nehmen sich Zeit, Muße und Energie, die Kommunikation mit ihren Kindern als bewusstes und positives Erziehungs- und Wertevermittlungsinstrument einzusetzen. Leider haben längst nicht alle Kinder dieses Glück.

Der Kindergarten als folgende Instanz könnte entsprechenden Defiziten entgegenwirken, doch leider gibt die Situation in diesen Einrichtungen ebenfalls keinen Anlass zur Entwarnung. Auch hier wird der geringe Stellenwert deutlich, der der kommunikativen Entwicklung junger Menschen eingeräumt wird. Im Regelfall sind zu viele Kinder mit zu wenigen Erzieherinnen auf zu engem Raum zusammen. Der Geräuschpegel ist durchgängig sehr hoch, die Beaufsichtigung oberster Daseinszweck des Personals. Ich möchte dies keinesfalls als Herabwürdigung der Erzieherinnen verstanden wissen, denn ich schätze ihr Engagement sehr. Allerdings können viele von ihnen unter den gegebenen Umständen ihren Job nicht so ausführen, wie es ihnen in der Ausbildung einmal vermittelt wurde und wie die Kinder in ihrer Obhut es bräuchten.

Verkehrte Welt, wohin man blickt: Auf der einen Seite dürfen Kinder, die in den Kindergarten kommen, keine Windeln mehr tragen. Auf der anderen Seite wird es oft viel zu spät bemerkt, wenn sie große Defizite im kognitiven Bereich aufweisen, die sich unter anderem auch in der sprachlichen Inkompetenz ausdrücken. Zum Nachholen gibt es in der Kindergartenzeit zu wenig Gelegenheit, denn aus Kapazitätsmangel werden vorwiegend die lauten, sprachgewandten Zwerge beachtet. Die leisen, »sprachlosen« bleiben außen vor. Dabei weiß man nicht, was schlimmer ist, denn: Kinder, die ihre Kommunikationsfähigkeiten ausleben, entdecken und üben wollen, werden gerne schnell als verhaltensauffällig abgestempelt und mundtot gemacht.

Was die Schule beitragen kann…

Die nächste Instanz, die die sprachliche Entwicklung der Kinder noch auffangen und dadurch die Sozialkompetenz fördern könnte, ist die Schule. Fakt ist jedoch: Kinder, die bis zum Zeitpunkt des Schuleintritts nicht über ein Mindestmaß an sozialen Fähigkeiten verfügen, gehören schnell zu den Verlierern des Bildungssystems. Denn die Schulen erklären sich schon einmal vorbeugend für nicht zuständig, wenn es um die Entwicklung sozialer Kompetenzen bei den ihnen anvertrauten jungen Menschen geht. Ihrer Meinung nach wäre das Aufgabe der Eltern, und schon schließt sich der Teufelskreis.

Nun mag man als Entschuldigung anführen, dass die Klassenverbände zu groß sind und der Lehrstoff zu umfangreich. Beides soll nicht geleugnet werden. Aber anstatt dass sich die Schulen dieser Aufgabe stellen, agieren sie in vielen Fällen sogar kontraproduktiv. Zudem wird völlig außer Acht gelassen, dass Kinder und Jugendliche einen Großteil ihrer Zeit in der Schule verbringen und sich gerade in den Klassengemeinschaften ihre Kommunikationsfähigkeit entscheidend in die eine oder andere Richtung entwickelt.

Immer wieder kommt es in Schulen vor, dass Lehrer Schüler zurechtweisen, weil sie ihre eigene Meinung vertreten und nicht die des Lehrers. Ebenso kontraproduktiv ist es, die Schüler zu verunsichern, wenn es beispielsweise darum geht, vor einer großen Gruppe ein Referat zu halten. All diese Vorkommnisse schwächen die ohnehin schon nicht sehr ausgeprägte Kommunikationsfähigkeit. Viel zu selten wird im Unterricht, wo sich dazu vielfältige Gelegenheit bieten würde, eine aktive Kommunikation eingefordert und damit das Selbstvertrauen der Jugendlichen gestärkt.

Die richtige Gewichtung

Was ist wichtiger? Zu wissen, wann Alexander der Große geboren wurde oder wie ich andere Menschen besser verstehen kann? Die Antwort ist eindeutig. Trotzdem ignorieren unsere Bildungsinstitute den sich daraus ergebenden Auftrag. Der Vollständigkeit halber sei festgehalten, dass es immer noch viele Lehrer und Lehrerinnen sowie auch einzelne Schulen gibt, die versuchen, neben den fachlichen auch soziale Kompetenzen zu vermitteln. Aber sie sind leider die Ausnahme, nicht die Regel.

In den meisten Fällen sorgt die Schule mit ihren Lehrkräften nicht adäquat für die Entwicklung und Verbesserung der Kommunikationsfähigkeiten bei Kindern und Jugendlichen. Aber trotz der sinkenden Kommunikationsfähigkeit muss der Schüler in der Lage sein, viele Inhalte zu bedienen. Mit immer geringeren Ausdrucksmöglichkeiten soll er komplexe Sachverhalte verinnerlichen und wiedergeben.

Lesen bildet!

Halten wir also fest: Ein Mensch kann sich anderen nur mitteilen, wenn er über entsprechende Ausdrucksmöglichkeiten verfügt. Diese entstehen und wachsen durch das Aufnehmen und Abspeichern vieler verschiedener Wörter, Bezeichnungen, Redewendungen und Stilmittel. Zusätzlich schafft nur ein großes Allgemeinwissen die Möglichkeit, sich aus einem umfangreichen Fundus zu bedienen, wenn kommunikative Fähigkeiten gefragt sind. Schlussendlich geht es jedoch nicht allein darum, dass man etwas sagt, sondern wie man es sagt – um Rhetorik und Interpretation, um Argumentation und die eigene Meinung, die es zu bilden und zu vermitteln gilt. All diese Fähigkeiten können die Jugendlichen durch Lesen erlangen. Und zwar durch Lesen von Büchern und Magazinen, nicht von Bedienungsanleitungen. Ein belesener Mensch wird immer über eine größere Kommunikationsfähigkeit verfügen als andere. Und doch lesen junge Menschen heutzutage immer weniger. Warum sollten sie auch? Es gibt doch heute fast alles elektronisch oder medial. Aber das kann das Lesen per se nicht ersetzen, weil dabei andere Sinne beansprucht werden; die Phantasie und eigenständiges Denken bleiben auf der Strecke. Entsprechend reduziert sich logischerweise auch die Kommunikationsfähigkeit.

Die Kommunikationsfähigkeit sinkt

Wenn mir die Worte fehlen, ich keine Vergleiche habe, nicht weiß, wie man etwas be- oder umschreiben kann, dann fällt es mir natürlich auch schwer, anderen mitzuteilen, was ich möchte. Um ein Vielfaches schwieriger ist es außerdem, zu reden und dabei mein eigentlichesAnliegen nicht aus dem Sinn zu verlieren.

Fehlt die Fähigkeit, sich auszudrücken, zieht sich der Mensch über kurz oder lang aus dem kommunikativen Leben zurück. Diesen Rückzug nennen Gesellschaftsforscher »Cocooning«. Der Begriff beschreibt den Rückzug in die Isolation des Einzelgängers oder in eine geschlossene Gruppe Gleichgesinnter. In der Folge lassen sich auch Konflikte nicht mehr durch adäquate Kommunikation lösen und Kompromisse rücken in weite Ferne. Denn die Konfliktlösungsfähigkeit verhält sich proportional zur Kommunikationsfähigkeit: Ist die Kommunikation, also die verbale Auseinandersetzung mit anderen Menschen, auf niedrigstem Niveau angelangt, fehlen die Worte, und an ihre Stelle tritt Aktion. Und so kommen wir zu einer schmerzhaften Konsequenz: Wer sich nicht ausdrücken kann, hat in der Regel nur eine Möglichkeit, Konflikte zu lösen, und zwar mit Gewalt. Kommunikationsfähigkeit und Konfliktlösungspotential sind daher entscheidend für den Aufbau und die Erhaltung der sozialen Kompetenz.

Willkommen in der Kommunikationsgesellschaft

Kommunikation, Sie erinnern sich, hat auch noch eine zweite Ebene. Vielleicht ist Ihnen der verbale Bruch bereits aufgefallen – wir leben heute sprichwörtlich in einer Kommunikationsgesellschaft. So stellt sich die logische Frage, wie das zusammenpasst:

die Sprachlosigkeit und die Vereinsamung des Einzelnen einerseits, die ständige Möglichkeit zur Kommunikation andererseits.

In der vernetzten Virtualität des Internets findet ständig Austausch und Übertragung, sprich Kommunikation statt. Es ist eine faszinierende Welt, die Horizonte erweitert.

Der Autor Thomas Montasser bringt es wunderbar auf den Punkt und lüftet das Geheimnis der angeblichen Zeitersparnis: »Kurioserweise verbringen wir trotzdem mehr Zeit am Computer, um irgendetwas zu installieren, deinstallieren, synchronisieren, posten, updaten, downloaden oder sonst wie zu organisieren. Denn die Computerindustrie hat es geschafft, uns ein System zu implantieren, das immer neue Bedingungen stellt. Hast du dies, brauchst du jenes, willst du dies, brauchst du erst mal das […]«.[20] Es stellt sich automatisch die Frage, ob wir noch Herr des Computers sind oder ob dieser vielmehr uns beherrscht. Verändert hat er unser Leben und unsere Psyche garantiert. »Wir denken nicht mehr, wir googeln. Wir sagen nicht mehr unsere Meinung, wir posten sie.«[21] Doch für den kleinen Plausch über den Gartenzaun mit dem Nachbarn finden wir keine Zeit mehr. Wozu auch? Auf Facebook geschrieben und mit den Freunden geteilt, erreichen wir doch viel mehr Menschen! Freunde? User? Follower? Kunden? Konsumenten?

Doch was resultiert aus der ständigen Nutzung des Internets als Kommunikationsplattform? Abhängigkeit. Der Mensch von heute ist abhängig vom Computer mit all seinen Möglichkeiten. Wer nicht online ist, ist abgeschnitten von der Welt, zurückgeworfen auf das, was immer weniger wird – echte, verbale Kommunikation. Das ist die eine Seite, die andere ist: Online zu sein,

20 Montasser, Thomas (2010): Weil die Erde keine Google ist. Lob des analogen Lebens. München, S. 204.

21 Dies ist das Motto einer Facebook-Gruppe, die am 26. 10. 2011 gegründet wurde.

hat nichts mit »bei sich sein« zu tun, einem wichtigen Grundbedürfnis der menschlichen Psyche. Wer online ist, ist nicht unter Menschen, auch wenn dies suggeriert wird. Herr seiner Zeit, seines Lebens ist schlussendlich nur noch derjenige, der es schafft, den Computer auszuschalten.

Grund 2: Auflösung der gesellschaftlichen Strukturen

Familienbande

Wenn es an Ausdrucksmöglichkeiten fehlt, dann bricht eine Säule weg, die die Gesellschaft stützt. Die Konsequenz daraus ist, dass auch andere etablierte Strukturen auf unterschiedlichen Ebenen im gesellschaftlichen Zusammenleben nicht aufrechterhalten werden können.

Sehen wir uns einmal die typische Familie an, wie sie vor 50 Jahren in Deutschland und Österreich zusammenlebte: Der Krieg war vorbei und es galt das Prinzip Hoffnung: auf Wachstum, Aufschwung und Wohlstand. Jeder wollte ein Stück vom Kuchen, und deshalb rückte man näher zusammen. Die Familien waren groß, die Bande stark. Oft wohnten drei Generationen unter einem Dach oder zumindest in unmittelbarer Nähe voneinander. Während die jungen Eltern den Aufschwung tatkräftig unterstützten, kümmerte sich die ältere Generation um den Nachwuchs. Sie hatte die Zeit, Werte, Wissen und soziale Kompetenzen an die jüngste Generation weiterzugeben. Und sie wollte und konnte dies auch, weil sie naturgemäß von den Jungen respektiert wurde. Es war üblich, dass eine Mutter nach der Geburt zu Hause bei den Kindern blieb und ihrem Mann den Rücken freihielt, damit dieser das Geld verdienen konnte. Die Mütter von damals legten großen Wert darauf, aus ihren Kindern wohlerzogene und gut gebildete Menschen zu machen. Das war ihr Job und den machten sie bzw. machen sie noch heute gut.

Denn: Soziale Kompetenz ist eine ureigene weibliche Eigenschaft, wahrscheinlich wird ihr deshalb im amerikanisierten Sprachgebrauch auch diese Assoziation »soft« zugewiesen. Mitgefühl und Toleranz, Flexibilität und Fleiß, all das hat seinen Ursprung im häuslichen Umfeld, wird dort gelebt und von den Kindern »erlebt«. Und weil Kinder durch Beobachtung lernen, wurden ihnen früher die sozialen Fähigkeiten automatisch mit auf den Weg gegeben. Somit besitzt soziale Kompetenz als weibliche Fähigkeit eine lange Tradition, sie hält auch heutzutage das System Familie zusammen. Lassen Sie uns noch einmal die Struktur der »Familienbande« im Hinblick auf die spezifische Rolle der Frau darin betrachten:

Die Generation der Urgroßmütter, geboren vor dem Zweiten Weltkrieg, war ganz und gar für die Familie da. Sie waren überzeugt, mit der Liebe zu den Kindern und zum Ehemann viel bewegen und erreichen zu können. Das Eheversprechen vor dem Altar galt in der Regel für ein ganzes Leben. Im Gegenzug für die wirtschaftliche und finanzielle Versorgung der Familie, die der Mann übernahm, kümmerten sich die Gattinnen um Haus und Hof, um Küche und Feld – und überforderten sich damit nicht selten. Immerhin erreichten die Frauen dieser Generation, dass ihre Töchter für Lohn arbeiten konnten: zum einen, weil es das aufkommende Wirtschaftswunder so verlangte, und zum anderen, weil die nächste Frauengeneration sich weiterentwickeln wollte. Arbeit bedeutete aber immer noch harten, körperlichen Einsatz und hatte nur selten etwas mit Selbstverwirklichung zu tun. Das Ausbildungsniveau der Frauen war niedrig, die Jobs minderwertig und die Bezahlung schlecht. Parallel kümmerten sie sich auch um Haushalt und Kindererziehung. Wiederum gab damit eine Generation ausgebrannter Existenzen ihre Erfahrungen weiter.

Die Generation der 1968er verstand die Botschaft und probte den Aufstand. Das Ergebnis: die Emanzipation. Diese jungen

Frauen wollten viel in ihrem Leben erreichen – allerdings zu anderen Bedingungen als ihre Mütter: Zugang zu Bildung und Wissen, eine Berufsausbildung, die den eigenen Neigungen entsprach. Und das bekamen sie dann auch. Unerwartete Schützenhilfe erhielt die Emanzipationsbewegung durch die Markteinführung der Pille. Damit lag nun auch die Familienplanung hauptsächlich in weiblicher Hand. Im Zuge dessen veränderten sich auch die Familienstrukturen nachhaltig. Die Institution »Ehe« bekam den Zusatz »wild«, aus »Ehepartnern« wurden »Lebensabschnittsgefährten«, die »Kinderkrippe« ersetzte die »Großmutter«. Seither gibt es die klassischen Familienstrukturen wie oben beschrieben kaum noch. Und auch der emanzipatorische Traum von der persönlichen Erfüllung in Beruf und Privatleben erscheint heute weniger rosarot als früher. In Deutschland sind heute rund zwei Drittel aller Frauen im arbeitsfähigen Alter berufstätig. Die Emanzipationsbewegung zeigte die Möglichkeiten und Chancen auf und die Frauen ergriffen sie – zunehmend aber auch notgedrungen, da heutzutage kaum eine Familie mehr mit nur einem Einkommen auskommen kann. Galt es früher noch zu entscheiden, ob man seine Erfüllung im Beruf oder in der Familie finden möchte, haben insbesondere die jungen Frauen von heute oft keine Wahl mehr: Der Beruf geht stets vor.

Generationswechsel

Doch nicht nur aus diesem Grund entwickelte sich die natürliche Quelle sozialer Fähigkeiten, also das Elternhaus, in den letzten Jahren immer mehr zu einem verlassenen Ort. So wie sich das klassische Rollenverständnis verschob, veränderte sich auch die Familienstruktur. Die Großeltern-Generation wohnt heute nicht mehr unter einem Dach mit den Jungen, sondern vermehrt in Altenheimen. Dadurch wird zum einen der Umgang miteinander schwieriger, andererseits die Atmosphäre kühler. Heute wächst eine Generation junger Frauen heran, die viel erreichen wollen und viel können – und dabei ihre ureigenen Stärken, die sozialen Kompetenzen, aus dem Blick verlieren. Sie müssen sie sogar ein Stück weit aufgeben, um die täglichen Anforderungen bewältigen zu können.

Auf der Straße der Gewinner gibt es immer auch die, die am Rande stehen und vielleicht bald zu den Verlierern gehören – die Kinder. Der demographische Wandel spricht Bände, und da nutzt es wenig, wenn Männer ihre »weibliche Seite« entdecken. In Sachen sozialer Kompetenz können sie den Frauen nicht das Wasser reichen. Auch der Mann gehört zur Familienstruktur und kann sich der Verantwortung dafür nicht gänzlich entziehen. Leider sind Männer für die frei gewordene Aufgabe, den Kindern soziale Kompetenzen zu vermitteln, weniger geeignet als die Frauen, da sie selbst nicht über die gleichen sozialen Fähigkeiten im zwischenmenschlichen Bereich verfügen.

Die Emanzipation hat sicherlich viel Gutes bewegt, doch die Konsequenzen dieser Bewegung waren in ihrer Endgültigkeit nicht absehbar. Was über Jahrtausende als klassische Rollenverteilung von Generation zu Generation weitergegeben wurde, kann sich selbst aufgrund einer noch so kultivierten und gutgemeinten Idee nicht so schnell ändern. Und es wird sich auch so schnell nicht ändern, weil das Defizit erst jetzt allmählich ins Bewusstsein eindringt. Einen Plan B gibt es bislang nicht, weder in der Schublade noch in den Köpfen.

Generation Einzelkind

Aus dieser Entwicklung folgt, dass es immer weniger Familien mit immer weniger Kindern gibt. Dort, wo Familien im statistischen Mittel nur noch 1,38 Kinder haben, kann man im Grunde kaum noch von »Familie« sprechen, sondern müsste diese Konstellation korrekterweise als »Paar mit Einzelkind« bezeichnen. Die Chance, gemeinsam mit Geschwistern aufzuwachsen, bekommen heute nur noch wenige. Dadurch wird auch die Zahl der Ansprechpartner, mit denen die Kinder täglichen Umgang pflegen, dramatisch eingeschränkt. Mit fatalen Konsequenzen. Einzelkinder haben weniger Gelegenheiten, die sozialen Kompetenzen zu erlangen, die für eine gesunde Entwicklung notwendig wären. Denn auch das Umfeld, also Geschwister und Freunde, schult und fördert Sozialkompetenz.

Abgemildert wird dieses Problem allenfalls bei Einzelkindern akademisch gebildeter Eltern, die allerdings oft hohe Ansprüche an ihre Elternschaft stellen – sie begreifen die Entscheidung für ein Kind als Projekt, das »ein Erfolg werden muss«, wie der renommierte Schweizer Kinderarzt Remo Largo in einem Zeitungsinterview erklärt.[22] Folglich geben sie sich sehr viel Mühe, dem Kind gerecht zu werden. Man kann dies allerdings auch als Indiz für eine gewisse Ratlosigkeit begreifen. Das Kind wird zum Forschungsobjekt, zum kostbaren Gut, das wie ein rohes Ei durchs Leben getragen wird. Daraus ergeben sich jedoch bei den Kindern neue psychische Störungsbilder, die Eltern wiederum ratlos machen. Winterhoff bringt es auf den Punkt: »Die Ursachen (für diese neuen Störungsbilder) liegen nicht mehr primär im Familiensystem, sondern sind auf große Veränderungen im ›System Gesellschaft‹ zurückzuführen.« Und weiter beschreibt er: »Es geht eben nicht mehr primär um die Auswirkungen der eigenen Lebensgeschichte auf das Verhalten dem Kind gegenüber, sondern maßgeblich um gesellschaftliche Prozesse, die das Erwachsenen-Kind-Verhältnis verändern.«[23] Traurig, aber wahr: Unter den momentanen Gegebenheiten wird es für Kinder immer schwieriger, sich altersgerecht zu entwickeln. Das gilt ebenso für die Psyche wie für die Sozialkompetenz. Wenn beides

22 http://www.faz.net/aktuell/feuilleton/debatten/im-gespraech-remo-h-largo-sind-kinder-auch-nur-menschen-herr-largo-1549108.html, 08. 04. 2008.

23 Winterhoff (2011), S. 11.

sich nicht mehr in gewohnten Bahnen entwickelt, dann wächst eine Generation heran, die mit sich und ihrem Umfeld immer schlechter zurechtkommt.

Auf zu neuen Ufern

Entwicklungspsychologisch ist die Pubertät eine Zeit des Umbruchs. Normalerweise findet dabei eine Loslösung vom Elternhaus und von der Familie statt – und im Gegenzug werden Freunde immer wichtiger. Heute muss man den Begriff der Freundschaft neu definieren. Landläufig bezeichnet man Menschen als Freunde, mit denen man Interessen und Vorlieben teilt, mit denen man sich durch ähnliche Einstellungen und Überzeugungen verbunden fühlt. Daraus entwickelt sich Sympathie, Vertrauen und Verlässlichkeit. Auf Freundschaft kann man bauen. In der Pubertät geschieht nun Folgendes: Mit der Entdeckung der eigenen Innenwelt und der Reflexion über diese suchen Jugendliche zunehmend Kontakt zu Gleichaltrigen. Diese dienen als Spiegel des eigenen »Ichs« und zur Abgleichung der Normalität. Mädchen gehen bei der Suche danach anders vor als Jungs. Während Mädchen sich überwiegend eine beste Freundin suchen, schließen sich Jungs meistens zu Gruppen zusammen, die man im Fachjargon als Peergroups bezeichnet.

Der Begriff stammt aus der amerikanischen Soziologie und bezieht sich auf Gruppen Gleichaltriger. Diese sozialisieren sich gegenseitig, sei es in der Schule, in Vereinen oder in Cliquen, die sich in der Freizeit bilden. In diesen Gruppen können die Mitglieder verschiedene Rollen und Verhaltensmuster, die im Erwachsenenleben nützlich und wichtig sind, auf zum Teil spielerische Art und Weise einüben. Der Einfluss von Peergroups ist sehr stark und führt so zu einer schrittweisen Emanzipation vom Elternhaus. Negativ kann der Einfluss werden, wenn in der Gruppe problematische Verhaltensweisen, wie vermehrter Alkoholkonsum, Drogenmissbrauch und Ähnliches, zur Identifikation und zur Erzeugung eines Wir-Gefühls innerhalb der Gruppe dienen. Dies kann zu Gewalt, Drogenmissbrauch und Ausgrenzung anderer führen.

Vor einigen Jahrzehnten sah das noch anders aus, wenngleich auch damals junge Menschen ihre Zeit in Gruppen verbrachten. Je nach Vorliebe und Motivation trafen sie sich auf dem Sportplatz, in der Kirchengruppe, bei den Pfadfindern oder fanden sich zu Cliquen zusammen. Zudem gab es noch viel mehr soziale Kontakte, auch zu Erwachsenen, die nicht die eigenen Eltern waren. Bei Freunden übernachten? Kein Problem. Spontan zum Mittagessen bei der Nachbarsfamilie eingeladen werden? Normal. Zusammen Hausaufgaben machen, für die Mathe-Prüfung lernen? Selbstverständlich. Immer waren Erwachsene dabei oder in der Nähe, die einerseits ihrer Aufsichtspflicht nachkamen, andererseits aber auch in Interaktion mit den Jugendlichen standen. So stand Heranwachsenden früher immer eine Vielzahl von Vorbildern zur Verfügung – jüngere, gleichaltrige, ältere oder Erwachsene –, bei denen sie sich die verschiedenen Verhaltensmuster und ihre Auswirkungen in der Umwelt anschauen und die sie bei Gefallen nachahmen konnten. Auf diese Weise lernten die jungen Menschen Sozialkompetenz. Natürlich lassen sich all diese Phänomene auch noch heute beobachten, doch leider immer seltener.

Einschränkung der sozialen Kontakte

Wie schon ausgeführt, treffen wir heute immer öfter auf Einzelkinder, die erst einmal in den Kindergarten kommen müssen, um überhaupt Kontakt zu Gleichaltrigen zu finden. Auch die Heranwachsenden besitzen heute oft nur wenige feste Kontakte zu Kindern und Jugendlichen im gleichen Alter. Sie frequentieren immer seltener die entsprechenden Freizeitgruppen – und deshalb müssen viele von diesen schließen. Es ist uncool geworden, sich mit Jüngeren oder mit Behinderten abzugeben, die Oma zu besuchen und so weiter. Aus diesem Grund verfügen Kinder und junge Leute heute auch insgesamt über weniger Kontakte. Das früher übliche »offene Haus« bei Familien hat allzu oft ausgedient, und die meisten Eltern sind froh, wenn sie ihre eigenen Kinder im Griff haben. Schon allein deshalb haben sie kein Interesse daran, dass sich regelmäßig auch noch andere Kinder und Jugendliche im Haus aufhalten.

Das allgegenwärtige Zeitproblem der Erwachsenen trägt ebenfalls dazu bei, dass die Kontakte zu Kindern und Jugendlichen abnehmen. Man konzentriert sich lieber auf sich selbst, schließlich muss man schauen, dass man mit dem eigenen Leben zurechtkommt. In einer solchen Überforderungssituation übernimmt natürlich niemand freiwillig noch zusätzliche Verantwortung für andere Menschen, vom Gemeinwohl ganz zu schweigen. Und überhaupt, was sollen denn die anderen Leute denken, wenn die auf diesem Wege einen Einblick erhalten, wie es zu Hause so aussieht? Der 14. Dalai Lama fasste dies in einem seiner Gedichte mit dem Titel *Paradox of our age* folgendermaßen zusammen: »[…] we've been all the way to the moon and back, but have trouble crossing the street to meet the new neighbour […] it is a time when there is much in the window, but nothing in the room.«[24] Dieser Rückzug führt dazu, dass den heute Heranwachsenden nur noch ein Bruchteil jener vielfältigen, positiv besetzten Rolemodels begegnet, die sie benötigen würden, um genügend breitgefächerte, sozial kompetente Denk- und Verhaltensmuster entwickeln zu können. Das Erkennen und Erleben von Gemeinschaftsgefühl geht verloren oder wird in eine falsche Richtung gelenkt. Im gleichen Maß nimmt die Bereitschaft, Kompromisse zu schließen und Verständnis für andere Sicht- und Verhaltensweisen aufzubringen, ab. Das ist ein wesentlicher Grund für feh-

24 http://www.7summitsagency.com/mobile/the-paradox-of-our-age-social-media-enablers-and-detractors/.

lende Sozialkompetenz bei den jungen Generationen, vor allem weil sich die daraus entstehende Spirale immer schneller dreht.

Die Konsequenz: Rückzug

Traditionell waren es die Großeltern und die Mütter, die den jungen Menschen die sozialen Kompetenzen vermittelten, die sie für ein zufriedenes und erfolgreiches Leben in der Gemeinschaft benötigten. Auf diese Weise wurden seit Menschengedenken jene Fähigkeiten von Generation zu Generation weitergegeben, die es Menschen ermöglichen, miteinander auszukommen und in einer Gemeinschaft zu existieren. Doch in den letzten Jahrzehnten vollzog sich diesbezüglich ein schleichender Wandel hin zur Individualisierung: Der Einzelne will auf nichts mehr verzichten, schon gar nicht zum Wohle anderer und somit auch nicht zum Wohle der Gemeinschaft. Der Drang, auf sich selbst zu schauen und nach Möglichkeit auf die Überholspur zu gelangen, hat sich verselbstständigt. Da ist kein Platz mehr für das Gemeinwohl – ja oft nicht einmal mehr für die eigene Familie. Das ist genau der Treibstoff, welcher die Abwärtsspirale antreibt. Der Trend zum Rückzug auf das eigene Ich wird pikanterweise durch die sozialen Netzwerke – Facebook & Co. – noch verstärkt.

Soziale Netzwerke – die neue »dritte« Heimat?

Facebook ist eine Internetplattform, die so schnell wächst wie keine andere. Sie ist zum Synonym geworden für all die virtuellen, sozialen Netzwerke, die sich im Laufe der letzten Jahre etabliert haben – ob sie nun Twitter, LinkedIn, Xing, Schüler- oder Studi-VZ heißen mögen. Wozu dienen sie? Wir schließen darüber Kontakte, finden »Freunde« oder rekrutieren Anhänger, kommunizieren, stellen uns dar und manchmal auch bloß. »Wenn Facebook ein Land wäre, dann gehörte es zu den fünf bevölkerungsreichsten der Welt, vor Japan, Russland, Brasilien und Nigeria«, erklärte Facebook-Begründer Mark Zuckerberg

2010.[25] Er feierte mit dieser Aussage seine eigene Schöpfung und begrüßte zugleich den 400millionsten Facebooker.

Um zu verstehen, warum die sozialen Netzwerke so erfolgreich sind und wie sie das Leben der Menschen beeinflussen, werfen wir zunächst einen Blick auf die Anfänge von Facebook: Ihre Wurzeln hat die Plattform in den Informationsschriften, die zu Semesterbeginn an die Erstsemester der amerikanischen Universitäten verteilt wurden. Diese sollten helfen, sich an der Uni und mit den neuen Kommilitonen besser zurechtzufinden. 2004 wurden diese Informationen online gestellt – zunächst an der Harvard University, später auch an anderen Universitäten –, und seither ist der Erfolg von Facebook kaum noch aufzuhalten. Doch warum?

Im Rudel durchs Netz

Zunächst ist es ein grundsätzliches Phänomen, dass Menschen, die oftmals orientierungslos sind, der Masse folgen, dem Rudel sozusagen. Obwohl wir eigentlich wissen, dass der Herdentrieb keine Garantie dafür bietet, den richtigen Weg einzuschlagen. Wenn wir nun jedoch einmal voraussetzen, dass die Masse ebenso orientierungslos im Netz unterwegs ist, wie es die menschlichen Generationen zuvor ohne Netz waren, dann liegt die Suche nach einem Anführer nahe. Im Jahre 2004 war das eben Mark Zuckerberg. Und dafür, der Herde zu folgen, müssen wir uns nicht schämen, immerhin ist es ja eine angeborene Eigenschaft des Menschen.

In Bezug auf den Verlust sozialer Kompetenzen spielen soziale Netzwerke jedoch oft eine entscheidende Rolle. Die Probleme, die aus der Nutzung der sozialen Netzwerke resultieren, belegen diese These.

25 Faerman, Juan (2010): Faceboom – wie das soziale Netzwerk Facebook unser Leben verändert. München, S. 22.

Der Wechsel von Nähe und Distanz

Es ist schon ein wenig paradox, denn der Hype der sozialen Netzwerke liegt im Kommunikationsbedürfnis der Menschen begründet. Sosehr sie einerseits heute das direkte Gespräch mit Menschen meiden, so sehr sind sie inzwischen abhängig von der Anerkennung der virtuellen Community. Der spezielle Trick dabei liegt in dem Spannungskreis von Nähe und Distanz begründet. In dieser Scheinwelt ist alles möglich: Wer am Rande steht, kann dort plötzlich im Rampenlicht landen, und umgekehrt. Die sozialen Netzwerke sind ein fiktives Abbild der Gesellschaft, Nähe wird durch virtuelle »Freundschaft« generiert.

Was ist Freundschaft?

In einem einschlägigen soziologischen Wörterbuch wird der Begriff folgendermaßen definiert: »Freundschaft ist ein soziologisch-schillernder Begriff für eine besonders persönlich gefärbte Form direkter sozialer Beziehung, die – ohne spezifische Rollenverpflichtung – freiwillig und auf längere, nicht fixierte Dauer eingegangen wird.«[26] Aristoteles interpretierte Freundschaft wiederum als wichtigen Bestandteil der Gesellschaft.[27] Die Ausführungen des griechischen Philosophen sind insofern interessant, als er unterschiedliche Freundschaftsformen differenziert. Er unterscheidet Nutzen-, Lust- und Tugendfreundschaft. Bei der Nutzenfreundschaft profitieren zwei Menschen voneinander, die das gleiche Ziel verfolgen. Ist das gemeinsame Ziel erreicht, so ist die Freundschaft beendet. Die Lustfreundschaft hingegen ist rein affektiv begründet, ist also spontan, emotional und deshalb auch wenig stabil, weil nicht belastbar. Die Tugendfreundschaft

---

26 Hillmann, Karl H. (1992): Wörterbuch der Soziologie. Stuttgart, S. 225.

27 Aristoteles diskutiert das Thema »Freundschaft« in seinen Werken der eudemischen und nikomachischen Ethik. Vgl. dazu: Schinkel, Andreas (2003): Freundschaft. München, S. 184 f.

wiederum ist Freundschaft um des Freundes willen. Sie ist von ähnlichen Denkmustern und Gewohnheiten geprägt, setzt Nähe voraus und die Teilhabe am Leben des anderen.

Bringt uns dieser kleine Exkurs dem Geheimnis der sozialen Netzwerke näher? Zumindest ein Stück weit, denn es wird deutlich, dass Freundschaft in einem allgemeinen und fachlichen Kontext gesehen wenig mit der Definition von Facebook zu tun haben kann. Wenn überhaupt, entspricht wohl am ehesten die von Aristoteles beschriebene »Lustfreundschaft« dem, was die virtuellen Freundschaften ausmacht: kurz, heftig, instabil.

»Freundschaften« werden per Mausklick in Sekundenschnelle geschlossen. Der durchschnittliche »Facebooker« hat 130 Freunde und gewinnt monatlich acht neue Freunde hinzu.[28] Die meisten Internet-Freunde sind sich im wahren Leben nicht einmal begegnet und werden dies voraussichtlich auch niemals tun. Juan Faerman, argentinischer Autor und Kreativdirektor einer Werbeagentur, fragt sich und seine Leser: »Die meisten Freunde, die wir in den Profilen haben, sind uns völlig fremd. Doch warum füttern wir diese Fremden mit intimen Informationen? Wenn wir wissen, dass Facebook eine fiktive Wirklichkeit ist, warum nehmen wir sie so ernst? Welche Bedürfnisse befriedigt Facebook?«[29] Soziale Netzwerke befriedigen beispielsweise das menschliche Verlangen nach Anerkennung. Je mehr Freunde, desto mehr Anerkennung besitzt jemand offensichtlich. Die soziale Interaktion findet per Mausklick auf den »Like-Button« statt. Und: Das Netzwerk schützt vor Zurückweisung und Enttäuschung, denn wenn man nur genügend Freundschaftsanfragen verschickt, fällt es nicht weiter auf, wenn einige davon abgelehnt werden. Stellt man sich solch eine Zurückweisung im wahren Leben vor, dann wäre man zu Recht gekränkt. Denn

---

28 Vgl. dazu Faerman (2010), S. 115.
29 Ebd.

dort ist das Freundschaftsangebot ein kostbares Geschenk: Nur mit vielen realen Freunden fühlt man sich weniger allein. Diese nüchterne Erkenntnis trifft allerdings nur all jene, die noch zwischen virtuell und real unterscheiden können. Fakt ist: Viele junge Menschen können das nicht mehr!

Der Einfluss sozialer Netzwerke wie Facebook auf den einzelnen Nutzer hängt allerdings stark von dessen jeweiliger sozialer Disposition ab. Menschen, die von Haus aus kontaktfreudig sind und auch im wirklichen Leben keine Mühe haben, Freunde zu finden, können Facebook durchaus gewinnbringend nutzen – etwa um frühere Freunde wiederzufinden und den Kontakt mit ihnen neu zu beleben. Wer aber dazu neigt, sich in einem Kokon einzuspinnen und sozialen Kontakten im realen Leben aus dem Weg zu gehen, wird zum leichten Opfer für die beschriebenen Fallen sozialer Netzwerke.

Die offene Gesellschaft

Es bleibt festzuhalten, dass Strukturen für die Weitergabe sozialer Kompetenzen wichtig sind. Aufgrund unterschiedlicher Ursachen und gesellschaftlicher Entwicklungen zerbrechen diese Strukturen heutzutage. Einige dieser Entwicklungen waren geplant und erwünscht, doch in der Konsequenz, wie sie heute gelebt und mit Inhalt gefüllt werden, sind sie fatal.

So streben wir seit Jahrhunderten nach mehr Freiheit und propagieren die Vorteile einer offenen Gesellschaft. Jetzt haben wir sogar mehr Freiheit und Offenheit, als uns manchmal lieb ist. Denn beides lässt sich nur genießen, wenn man auch die Verantwortung dafür übernimmt. Das möchte ich am Beispiel des gesellschaftlichen Migrationsproblems verdeutlichen.

»Der Islam gehört zu Deutschland«[30] – nach diesem Statement

30 http://www.focus.de/politik/deutschland/20-jahre-wende/christian-wulff-der-islam-gehoert-zu-deutschland_aid_558481.html, 03. 10. 2010.

ging 2010 ein kollektiver Aufschrei durchs Land. Der deutsche Bundespräsident Christian Wulff hatte diesen Ausspruch bei seiner Rede zum 20. Jahrestag der Wiedervereinigung getan und damit eine kontroverse Diskussion rund um das Migrationsproblem entfacht. Wulff mahnte in seiner Rede: »Zu große Unterschiede gefährden den Zusammenhalt der Gesellschaft. [...] Vielfalt schätzen, Risse in unserer Gesellschaft schließen, das bewahrt vor Illusionen, das schafft echten Zusammenhalt.«[31] Um es gleich vorwegzunehmen, ich bin da etwas anderer Ansicht. Auch wenn Wulff partiell meine Argumentation stützt. Denn: Das Migrationsproblem spielt eine entscheidende Rolle beim Verlust unserer Strukturen. So entdeckte man viel zu spät, dass die mangelnde Sprachkompetenz ein wichtiger Ausgrenzungsfaktor ist. Man hätte meines Erachtens auch schon viel früher integrative Programme initiieren müssen. Um es auf den Punkt zu bringen: Im Laufe des verstärkten Zuzuges von Mitgliedern anderer Kulturkreise hätte die Politik schon längst regulierend eingreifen müssen. Dass sie darauf verzichtet hat, hat fatale Folgen für die gesellschaftliche Entwicklung. Denn es ist doch so: Wenn Menschen mit gegebenen sozialen Werten sich zu einer Umsiedlung in einen anderen Kulturkreis entschließen, dann wäre es eigentlich selbstverständlich, dass sie sich dem dortigen Wertesystem anpassen. Und wenn sie das nicht tun können oder wollen, dann müsste die Politik entsprechende Spielregeln aufstellen, die die Akzeptanz vorhandener Werte der bestehenden Mehrheitsgesellschaft voraussetzt, um ein Bleiberecht zu erlangen. Nur so können die Strukturen der sozialen Werte einer Gemeinschaft aufrechterhalten werden und sind für jeden Heranwachsenden klar erkenn- und nachahmbar. Und dies wiederum ist die Grundvoraussetzung einer sozial kompetenten und funktionierenden Gesellschaft.

Doch in den letzten 20 Jahren haben die verantwortlichen Po-

31 Ebd.

litiker genau das Gegenteil getan: Anstatt darauf zu achten, dass die sozialen Werte der Gesellschaft des Einwanderungslandes gewahrt bleiben, haben sie versucht, Mittel und Wege zu finden, damit die Migranten ihre eigenen Wertesysteme beibehalten konnten. Es wurden sogar verschiedene Rahmenbedingungen geschaffen, um dies zu gewährleisten.

Verstehen Sie mich richtig: Es geht hier keinesfalls um die Diskussion, welche Werte besser, welche Denkmuster sozialer und welche Verhaltensweisen sinnvoller sind. Jegliche Bewertung muss hier außen vor bleiben. Doch eines ist klar: Wenn die Mehrheit einer Gemeinschaft bemerkt, dass die Werte einer Minderheit nicht nur ihren langjährigen Werten gleichgestellt, sondern sogar teilweise unter dem Deckmantel der Toleranz über ihre Werte gestellt werden, dann kann dies nur zu Irritationen, Unstimmigkeiten und Spannungen führen. Jugendliche, die in einer solchen Atmosphäre heranwachsen, tun sich sehr schwer damit, die für die Gemeinschaft passenden sozialen Werte zu erkennen und anzunehmen. Deshalb wählen sie zumeist die, die ihnen genehm sind. Auch darin liegt ein wesentlicher Grund für den allmählichen Zerfall unserer Strukturen und den damit verbundenen Verlust der sozialen Kompetenz unserer Gesellschaft. Mag man auch noch so sehr ein Anhänger einer offenen Gesellschaft sein, in der es weder Autorität noch Vorschriften gibt: Ohne allgemeingültige Strukturen kann eine Gemeinschaft nicht funktionieren.

Machen wir einen kleinen Exkurs zur Geschichte des Begriffs »offene Gesellschaft«: Er steht in der Tradition des Liberalismus und bezeichnet ein Gesellschaftsmodell, das die größtmögliche Freiheit des Einzelnen garantiert. Erdacht wurde es 1945 von Karl Popper[32], der auf diese Weise vorschlug, die Gewalt des Staates so

32 Popper, Karl R. (2003): Die offene Gesellschaft und ihre Feinde, 8. Aufl., Tübingen.

weit wie möglich zu teilen, damit es zu keinem Machtmissbrauch kommen kann. Im Hinblick auf die politische Entwicklung in Deutschland zu dieser Zeit ein nur allzu verständlicher Wunsch. Seine Idee war eine klare Absage an den Nationalsozialismus, den Kommunismus und den Faschismus.

Zwar wünschte sich Popper eine offene Gesellschaft mit möglichst schlanken Strukturen, doch seine Theorie wurde nie in die Praxis umgesetzt, weil eine Gemeinschaft ohne ein Minimum an Konsens und Struktur nicht funktionieren kann. Nicht immer sind Strukturen ein Quell der Freude für den Einzelnen. Und sie zwingen vielleicht manchmal zur Annahme von sozialen Verhaltensmustern, die dem Individualismus entgegenstehen. Doch gerade dadurch funktioniert eben eine Gemeinschaft auch dort, wo sie auf völlig freiwilliger Basis der einzelnen Mitglieder nicht funktionieren würde.

Unabhängig davon kann man in vielen Fällen diskutieren, wie weit solche Strukturen gehen dürfen: wo und wann sie angebracht sind, ob das verfolgte Ziel die Struktur rechtfertigt und vieles andere mehr. Diese Detaildiskussionen überlasse ich gerne den Politikern und allen im Einzelfall Betroffenen. Richten wir unser Augenmerk vielmehr darauf, wie sich die gesellschaftlichen Strukturen in den letzten Jahrzehnten verändert haben. Und darauf, was dieser unbestreitbare Verlust für die soziale Entwicklung heutiger und künftiger Generationen bedeutet.

Der größte Wandel vollzog sich, wie dargestellt, hinsichtlich des Verständnisses von Autorität. Der Erziehungsstil nach dem Zucht-und-Ordnungs-Prinzip, der die eine oder andere Ohrfeige beinhaltete, ist heute nicht mehr opportun. Es ist einer überaus positiven gesellschaftlichen Entwicklung zu verdanken, dass diese Art von Gewalt in den meisten Familien nicht mehr praktiziert wird. Und selbstverständlich dürfen auch Schüler durch Lehrkräfte nicht mehr gezüchtigt werden. Es ist auch gut und richtig, dass heute beispielsweise Ordnungsbeamte in erster

Linie dem Bürger zu dienen haben und nicht umgekehrt. Die Allmacht der Arbeitgeber wurde durch gesetzliche Rahmenbedingungen auf ein vernünftiges Maß reduziert, politischen Führungskräften muss nicht mehr mit einem Kniefall begegnet werden. Das alles sind positive Entwicklungen in unserer Gesellschaft. Weniger blinde Autorität, mehr gegenseitiges Verständnis und mehr Miteinander lautet die Devise.

Es ist aber für mein Dafürhalten nicht möglich, die eine Umgangsform abschaffen, ohne eine andere zu etablieren. Doch genau das ist passiert: Der Preis der Freiheit war und ist eine komplette Umkehrung der Verhältnisse. Denn was passiert, wenn Kinder und Jugendliche keinen Respekt mehr vor ihren Eltern und in der Folge vor anderen Erwachsenen haben? Schauen Sie sich um: überforderte Eltern, die nicht mehr wissen, wie sie den eigenen Nachwuchs bändigen können; Eltern, die verzweifelt nach jedem Erziehungsstrohhalm greifen, ohne ihn zuvor durchdacht und verinnerlicht zu haben. In der Schule herrscht mittlerweile ein Umgangston, der einem angst und bange macht. Schüler terrorisieren Lehrer. Politiker werden überhaupt nicht mehr ernst genommen. Denkt man diesen Gedanken zu Ende, wird klar: Eine außer Kraft gesetzte Autorität ist genauso schädlich wie ein Übermaß davon.

Was wir derzeit erleben, ist ein Autoritätsverfall durch »Übertreibung des Gutgemeinten«. Es gibt keine Strukturen mehr, die soziale Kompetenz auch mal gegen den Willen des Einzelnen weitergeben würden. Und was passiert, wenn die Vermittlung sozialer Kompetenzen und vor allem deren Annahme ausschließlich auf freiwilliger Basis geschieht, können wir derzeit überall beobachten: Jeder macht, was er will – auch auf Kosten anderer, wenn nur die eigene Position dadurch gestärkt ist.

Der Preis der Freiheit ist Verzicht. Ich behaupte, dass wir die unfreieste Menschengeneration aller Zeiten sind, weil wir uns selbst nicht mehr aushalten. Brauchen wir wirklich alles, was wir in der Lage sind zu tun? Das Problem ist: Es gibt kein Zurück, weil uns andere die Entscheidung dafür nicht abnehmen könnten.

Doch mal ehrlich: Würden wir denn überhaupt ein »Zurück« wollen? Die meisten Menschen scheinen schon längst jegliche Bodenhaftung verloren zu haben. Manche haben bereits die Beziehung zu sich und ihrem Umfeld aufgegeben. Diese Entwicklung sorgt für gesellschaftlichen Sprengstoff, denn die Summe der Individuen macht die Gesellschaft aus. So entfernt sich nicht nur jeder Einzelne von seiner inneren Mitte, sondern die Gesellschaft selbst ist bedroht.

Er-Ziehung versus Be-Ziehung

Was derzeit mit unserer Gesellschaft passiert, ist kein Er-Ziehungsproblem, sondern ein Be-Ziehungsproblem: Jeder Einzelne ist drauf und dran, die Beziehung bzw. den Bezug zu verlieren – zu sich selbst und zu anderen. Und so viel ist sicher: Eine Gesellschaft von Egoisten wird keine Generation von sozial kompetenten Kindern hervorbringen. So stellte auch Winterhoff fest: »Glückliche Erwachsene sorgen für glückliche Kinder.«[33] Und wollen wir das nicht alle? Die Lösung könnte bestenfalls darin liegen, selbstmotiviert einen Gang zurückzuschalten.

Grund 3: Fehlgeleitete Emanzipation

Das Dilemma der Frauen

Es geht um eine meines Erachtens fehlgeleitete Emanzipation. Dass allein schon diese These bei vielen Menschen einen reflexartigen Widerspruch auslöst, ist mir bewusst. Doch lassen Sie

33 Winterhoff (2011), S. 204.

uns bitte zuerst gemeinsam ein paar ganz nüchterne Blicke auf das Thema werfen:

Die erste Emanzipationswelle fand Anfang des 20. Jahrhunderts statt. Diese Frauenrechtlerinnen, die als *Suffragetten* bezeichnet wurden, hatten sehr klare Ziele: die Erlangung von Bürgerrechten für den weiblichen Teil der Bevölkerung. Es ging ihnen um das Wahlrecht, das Recht auf Bildung, das Recht auf Eigentum und auf entlohnte Arbeit. Das Merkmal der damaligen Fraueninitiative: Rechte fordern, ohne die klassische Rollenverteilung zu hinterfragen oder zu verändern.

Die zweite Emanzipationswelle erhob sich unmittelbar nach dem Zweiten Weltkrieg, zunächst sachte und verhalten. Viele Ziele, die die Frauenrechtlerinnen von einst durchgesetzt hatten, waren inzwischen Alltag, mussten das sogar sein, denn durch die daniederliegende Wirtschaft wurden auch weibliche Arbeitskräfte dringend gebraucht. Betrachtet man die Ziele der anfänglichen Emanzipationsbestrebungen aus heutiger Sicht, so erscheinen sie fast bescheiden. Sie machen sogar wütend, denn es galt zunächst, Selbstverständlichkeiten einzufordern.

1958 trat das Gesetz zur Gleichberechtigung von Mann und Frau in Kraft.[34] Im gleichen Jahr wurde das Lehrerinnenzölibat aufgehoben, und das Ehegattensplitting löste die steuerliche Gesamtveranlagung ab. Und ein Jahr später wurde der Gehorsamkeitsparagraph aus dem Eherecht gestrichen.

Wundert es vor diesem Hintergrund, dass in den 1960er Jahren eine Frauengeneration ihre Stimme erhob, die sich mit der Neuregelung solcher selbstverständlichen Nichtigkeiten nicht mehr länger zufriedengeben wollte? Wohl kaum. Diesmal richtete sich der Protest gegen die Diskriminierung von Frauen im

34 Das Gesetz war eine logische Konsequenz aus Artikel 3, Absatz 2 des Grundgesetzes, in dem es heißt: »Männer und Frauen sind gleichberechtigt.«

Allgemeinen, mit besonderem Augenmerk auf die Ausgrenzung der Mütter.[35] Diese Frauen forderten eine Änderung der Rollenbilder, eine Bekämpfung der Gewalt gegen Frauen und eine liberalere Abtreibungsgesetzgebung. Es steht außer Frage, dass die Gleichberechtigung der Frau schon lange fällig war und denjenigen, die diese Bewegung vorangetrieben haben, der große Dank der gesamten Gesellschaft gebührt. Doch wie so oft ist die gute Absicht allein zu wenig, wenn die Ausführung nicht gut gelingt. Oft ist es sogar so, dass aus guter Absicht kombiniert mit schlechter Umsetzung ein Zustand entsteht, der noch wesentlich schlimmer ist als derjenige, den er abgelöst hat. Genau dies trug sich meiner Meinung nach bei der Emanzipation zu, jedenfalls in Bezug zur Entwicklung sozialer Kompetenzen in unserer Gesellschaft.

Zu Beginn ihrer Initiative nahmen die Frauenrechtlerinnen die Herausforderungen, die aus ihren politischen Forderungen entstanden, euphorisch an und meisterten sie mit Bravour. »Alt-Emanze« Julia Onken schrieb dazu in einem Brief an ihre Tochter: »Während wir Alt-Emanzen noch betäubt vom Glück waren, endlich alles, was an Fähigkeiten in uns steckte, umzusetzen, nimmt deine Generation – oder wenigstens einige von ihnen – die immense Überforderung wahr und jault auf.«[36] Die Tochter Maya hält entgegen: »Auf dieses (mütterliche) Anforderungsprofil hast du mich nicht vorbereitet. Du hast meinen Individualismus gefördert, der mir nun dauernd in der Selbstaufgabe für meine Kinder fehlt. Du hast mein Selbstvertrauen aufgebaut, alles Job- und Lebenstechnische mit links zu meis-

35 Vgl. dazu die Resolution, die 1968 von den Gründerinnen des »Aktionsrats zur Befreiung der Frau« herausgegeben wurde. Abgedruckt in: Linnhoff, Ursula (1968): Die neue Frauenbewegung. USA – Europa. Köln, S. 42 f.

36 Onken, Julia; Onken, Maya (2006): Hilfe, ich bin eine emanzipierte Mutter. Ein Streitgespräch zwischen Mutter und Tochter. München, S. 32 ff.

tern, nur den Küchenteil hast du dabei vergessen.«[37] Darauf wieder die Mutter: »Ihr habt euch daran gewöhnt, dass theoretisch die Türen für alle beruflichen Bereiche offen stehen. In dem Moment aber, wo Frauen Mütter werden, beginnt sich die Falle zuzuziehen.«

Sind Frauen und Männer wirklich so gleich?
Es war höchste Zeit, dass Frauen gegenüber den Männern gleichberechtigt wurden. Doch genau in diesem Wort – gleichberechtigt – liegt der Schlüssel zu einem Missverständnis. Denn es ging bei den Aktivitäten der Frauenrechtlerinnen um die Rechte, um die Wertschätzung und um die ideelle wie materielle Anerkennung der Frauen. Folgerichtig konnte das übergeordnete Ziel nur lauten, Frauen den gleichen Stand, Status und Einfluss in der Gesellschaft zu sichern wie den Männern.

Was ist dann falsch gelaufen? Niemand wird leugnen, dass Frauen und Männer unterschiedliche Denkweisen und Verhaltensmuster besitzen. Damit meine ich die genetischen und physischen Unterschiede, die nicht nur den Körperbau betreffen, sondern auch die Gehirnfunktionen und Instinkte, die teilweise grundverschieden sind. Seit Jahrzehnten aber versucht man fälschlicherweise, die Frau dem Mann gleichzumachen, statt sie in gleicher Weise zu berechtigen. Anstelle der Frau ihre Weiblichkeit zu belassen und dafür einzutreten und zu kämpfen, dass sie dem Mann rechtlich gleichgestellt ist, geht es in allen Emanzipationskonzepten vielmehr darum, die Frau dem Mann gleichzumachen. Das Interessante ist: Selbst die überwiegende Mehrheit der Frauen will das nicht einmal. Die moderne Frau will dem Mann gleichberechtigt sein, zweifellos. Aber sie will nicht wie ein Mann denken und agieren müssen, um gleiche Rechte zu genießen.

37 Ebd.

Wo steht Emanzipation heute? Sind die Frauen weiterhin auf der Verliererstraße? Die Antwort auf diese Fragen fällt immer gleich aus: Nie standen Frauen mehr Wege offen, nie hatten sie mehr Wahlmöglichkeiten, nie waren sie besser ausgebildet, nie selbstbewusster und selbstständiger, nie erfolgreicher, nie weniger auf die Männer angewiesen als heute. Aber warum nur bleiben dann immer mehr Frauen auf der Strecke und müssen sich doch zwischen Kind und Karriere entscheiden?

»Die Frauenbewegung hat sich zu Tode gesiegt«, resümiert die *Zeit*-Autorin Susanne Gaschke. »Es führt kein Weg zurück in die Geborgenheit der Unterdrückung. Und kein Weg vorwärts zu der Renaissance des Frauenförderplans. Gesucht wird ein neuer Vertrag zwischen den Geschlechtern.«[38] Führt man sich die Fakten bewusst vor Augen, wirkt meine These von der fehlgeleiteten Emanzipation nicht mehr weit hergeholt und die Konsequenzen, so wie sie sich darstellen, sind nicht besonders frauenfreundlich.

Emanzipation und soziale Kompetenz

Männer und Frauen kann man nicht gleichmachen. Und das ist ein Problem, denn soziale Kompetenz ist eine grundlegend weibliche Eigenschaft.

Mitgefühl und Toleranz, Aufmerksamkeit und Verständnis, Geborgenheit und Vertrauen zu vermitteln sind weibliche Stärken. Ersatz durch die Väter? Nicht wirklich. Männer können das nicht in ausreichendem Maße.

Klar, dass jetzt einige aufschreien und widersprechen werden. Doch ich glaube, Frauen verfügen über wesentlich mehr und höhere soziale Kompetenz als Männer! Sie sind kommunikativer

38 Gaschke, Susanne (2005): Die Emanzipationsfalle. Erfolgreich, einsam, kinderlos. München.

und empathischer – und deshalb können Frauen diese sozialen Kompetenzen wesentlich besser an Kinder weitergeben als Männer.

Die Frau als empathisches Wesen

Früher galt es, Mädchen stark zu machen. Heute sind sie es. Mit all den neuen Rechten, die Frauen im Laufe der letzten 50 Jahre zugesprochen wurden, wuchsen die Ansprüche und die Verpflichtung, all dem auch gerecht zu werden, was ihnen rechtlich zustand.

Manche Anforderungen waren neu und ergaben sich sukzessive: ständige Erreichbarkeit, höchste Flexibilität, größtmögliche Belastbarkeit, globales Denken, Networking. Und das sind nur die Anforderungen auf beruflicher Seite. Daneben sind auch die Ansprüche in der Kindererziehung gestiegen: Jedes aufgeschürfte Knie, jedes rasch in den Ofen geschobene Tiefkühlgericht wird zum leibhaftigen Vorwurf an die berufstätige Mutter. Und das bisschen Haushalt macht sich leider auch nicht von allein. Wen wundert es also, dass irgendetwas auf der Strecke bleibt. Das ist dann oft die Liebe. Auf Kinder wollen nicht alle verzichten, den Beruf brauchen sie zur persönlichen Bestätigung und um ihre finanzielle Unabhängigkeit zu erlangen, oft leider auch zum Überleben. Und der Mann? Auf den verzichten viele Frauen zur Not auch noch.

Für die Frauen, die bewusst auf berufliche Karriere verzichten und zu Hause bei den Kindern bleiben, solange sie klein sind, soll es in Deutschland nach den Plänen der Regierungskoalition ab 2013 ein sogenanntes Betreuungsgeld geben, von seinen Gegnern als »Herdprämie« verspottet. Stolze 150 Euro werden in Aussicht gestellt, wenn man auf einen Kinderbetreuungsplatz verzichtet und sein Kind zu Hause erzieht. Frauen können es anscheinend niemandem recht machen. »Heute wird über Frauen, die nur Hausfrau und Mutter sind, geredet, als seien sie

Vollidioten und Parasiten der Gesellschaft«,[39] schreibt Susanne Gaschke – und sie hat recht.

Aufgrund dieser vielen Anforderungen wird es für Frauen immer schwieriger, ihrer Aufgabe nachzukommen, den Kindern soziale Kompetenzen zu vermitteln. Sie müssen sich den Männern immer mehr anpassen, um die vielfältigen Herausforderungen bewältigen zu können.

Der emanzipierte Mann

Auch die Anforderungen an die Lebens- und Aufgabengestaltung von Männern haben sich verändert: Sie können sich heute nicht mehr aus der Kinderbetreuung heraushalten und müssen nebenbei den Lebensunterhalt zum überwiegenden Teil bestreiten. Zwar machen Väter oft einen ungewöhnlichen Karrieresprung, sobald sie eine Familie gründen – in diesem Bereich funktioniert die männliche Solidargemeinschaft sehr gut –, allerdings erfordert es in der Folge ein stabiles Standing, sich auch ganz praktisch für die Familie einzusetzen. Denn wie bei den Frauen gilt: Beides zusammen geht nicht – Karrieremachen und für die Familie da sein. Zumindest dann nicht, wenn man es richtig machen will. Dies zeigt sich etwa an der mangelnden Bereitschaft der Väter, in Elternzeit zu gehen: In Deutschland stehen Eltern insgesamt 14 Monate Elternzeit zu. Nur 30 Prozent der Väter – so die Zahlen des Statistischen Bundesamtes – bleiben ein ganzes Jahr zu Hause bei den Kindern. Ein echter Rollentausch sieht anders aus.

Woran Paare scheitern …

Bereits seit Mitte des letzten Jahrhunderts gibt es einen eklatanten Mangel an sozialer Kompetenz, an der Fähigkeit also, mit sich selbst und seinem Umfeld zurechtzukommen. Auch die heutige

39 Gaschke (2005), S. 15.

junge Elterngeneration ist mithin von diesem Defizit betroffen. Besonders stark zeigt sich dies in den scheiternden Beziehungen, denn mangelnde Fähigkeit, mit sich selbst in Einklang zu kommen, wirkt sich zwangsläufig auf das Zusammenleben in der Partnerschaft aus.

Noch lebt die Illusion der Ehe und der lebenslangen Partnerschaft. Doch wie lange noch? Es wird immer schwieriger, einen Partner fürs Leben zu finden – zu hoch sind die gegenseitigen Ansprüche, zu gering die Kompromissbereitschaft. Um Kompromisse zu schließen, bedarf es in erster Linie Kommunikation. Zu dem Manko der abnehmenden Kommunikationsfähigkeit treten die unterschiedlichen Kommunikationsbedürfnisse der Geschlechter: Frauen wollen mehr gedanklichen Austausch, als viele Männer ihn bieten können.

Wenn Mütter und Väter sich trennen, dann sind zwangsläufig die Kinder die Leidtragenden. Erschreckend ist die Zahl der von Scheidung betroffenen minderjährigen Kinder: 145 656 waren es in Deutschland nach Angaben des Statistischen Bundesamtes allein im Jahre 2009.[40] Eine Lektion in Sozialkompetenz ist eine Scheidung in aller Regel nicht.

Grund 4: Irreführende Rolemodels

Der Blick zurück schärft die Sinne für den Blick auf die Gesellschaft von heute. Wenn sich etwas so dramatisch verändert wie unsere heutige Gesellschaft, dann gibt es dafür nicht nur einen Auslöser. Nach sinkender Kommunikationsfähigkeit, sich auflösenden Strukturen und fehlgeleiteter Emanzipation kommen wir

---

40 http://www.destatis.de/jetspeed/portal/cms/Sites/destatis/Internet/DE/Presse/pm/2011/01/PD11__028__12631,templateId=renderPrint.psml, 21. 01. 2011.

nun zum vierten Einflussfaktor, der für den Verlust der sozialen Kompetenz in unserer Gesellschaft sorgt: die irreführenden Rolemodels.

Seit jeher haben Kinder und Jugendliche sich ihre Verhaltensmuster von anderen Menschen abgeschaut. Dieses Lernen durch Nachahmung setzt voraus, dass Vorbilder existieren. »Mit dem Begriff des Vorbildes verbindet sich eine an eine Person gebundene Vorstellung. Die zum persönlichen Leitbild erwählte Person kann als Vorbild charakterisiert werden. Sie ist dann Leitbild für die persönliche Entwicklung, den eigenen Lebensentwurf und dient der Nachahmung und Identifikation.«[41] Als Vorbild gilt meistens eine Person, mit der man sich identifizieren kann und deren Verhaltensweisen man nachahmt oder nachzuahmen versucht. Man muss hierbei die umgangssprachliche von der wissenschaftlichen Verwendung des Begriffs trennen. Denn Vorbilder sind auch Personen, die man gar nicht kennt, denen man aber gewisse Attribute zugesteht und die aus diesem Grund Ansporn für die eigene Entwicklung sein können. Vorbilder im psychologischen oder soziologischen Fachjargon sind hingegen Personen des nahen Umfeldes, wie zum Beispiel Eltern oder Peergroups, deren Verhalten unbewusst nachgeahmt werden.

Wer hat's erfunden?

Sigmund Freud[42] gilt als Urvater der Vorbild-Theorie. Seiner Interpretation zufolge ist die Identifikation mit einem Vorbild ein psychodynamischer Prozess, der eine Angleichung des eigenen Ichs zum Ich des Vorbildes zum Ziel hat. In der Konsequenz

41 Waldmann, Klaus (2000): »Stars, Idole, Vorbilder. Was weiß die Jugendforschung?« In: Pädagogik (7/8), Weinheim, S. 50.

42 Freud, Sigmund (1982a): Fragen der Gesellschaft. Ursprünge der Religion. Studienausgabe Bd. IX. Frankfurt.

bedeutet dies, dass das eigene Ich das Verhalten des Vorbilds adaptiert, so dass die neuen Muster zum Teil des eigenen Egos werden. Das Lernen durch Nachahmung hat hier seinen Ursprung und bezieht sich in erster Linie auf die Eltern und nahen Bezugspersonen im kindlichen Umfeld.

Sobald sich die individuelle Wahrnehmung verändert, kommt es zum Bruch dieser unreflektierten Adaption. Das ist spätestens in der Pubertät der Fall. Wenn sich nun durch wachsende Urteilsfähigkeit und kritische Betrachtung die Perspektive verschiebt, werden Eltern – die ersten Bezugspersonen und Vorbilder – kritischer wahrgenommen und deren Verhaltensmuster neu bewertet. In der Regel suchen sich Jugendliche dann andere Vorbilder, denen sie nacheifern. Diese neuen Ideale bieten wiederum neue Verknüpfungspunkte, seien es gleiche Ansichten zu bestimmten Themen, Vorlieben für die gleichen Dinge oder angestrebte Ziele, die die Idealfigur unter Umständen schon erreicht hat.

Einige Jahrzehnte nach Freud nahm sich der amerikanische Soziologe Robert Merton in den 1950er Jahren des Themas an und kreierte in diesem Zusammenhang den Begriff »Rolemodel« (deutsch: Rollenmodell).[43] Damit hatte der klassische Begriff des »Vorbilds« ausgedient und wurde – um den Unterschied zu verdeutlichen – durch »reference individuals« (Bezugsindividuen) ersetzt. Vorbilder sind demnach solche Menschen, deren Verhaltensweisen von anderen, beispielsweise von Kindern, übernommen werden. Ergänzend dazu bietet der Rolemodel-Ansatz vielfältige Möglichkeiten, das Erlernen von Lebensrollen auch bewusst zu steuern. So hielt er Einzug in die Pädagogik und somit auch in die Schulen – Begriffe wie »positive Bestätigung«

43 Merton, Robert K. (1973): »Der Rollen-Set. Probleme der soziologischen Theorie.« In: Hartmann, Heinz (Hrsg.): Moderne amerikanische Soziologie. Stuttgart, S. 317–333.

(positive enforcement) und »Disziplin« (discipline) schaffen die Grundlage für das »Lernen als positives Erlebnis«[44].

Früher haben Kinder in ihrem Umfeld bei unterschiedlichsten Personen gesehen und miterlebt, wer was wann wie machte und welche Ergebnisse bzw. Auswirkungen diese Verhaltensweisen hatten. Diese Muster haben sie sich gemerkt und bei nächster Gelegenheit jene davon, die sie für sich als geeignet empfanden, selbst ausprobiert. Aus diesen Erfahrungen lernten sie dann, verfeinerten ihre Verhaltensmuster und entwickelten so ihre eigene Persönlichkeit. Dieses System hat gut funktioniert, solange es vielfältige Vorbilder bzw. Rolemodels gab, von denen sich die Heranwachsenden die unterschiedlichsten Muster beliebig oft abschauen konnten. Vielfalt und Unterschiedlichkeit waren der Schlüssel, denn so wurde die Beobachtung durch einen entsprechend breiten Erfahrungsschatz ergänzt. Dieses Prinzip des Lernens war dafür verantwortlich, dass die Werte unserer Gesellschaft und somit die soziale Kompetenz von einer Generation zur nächsten weitergegeben werden konnten. Allerdings hat sich leider auch hier in den letzten 20 Jahren ein bedeutender und negativer Wandel vollzogen.

An welchen Rolemodels können wir uns noch orientieren?

Es gibt immer weniger natürliche Rolemodels – und genau das ist das Problem. Aufgrund der veränderten Familienstrukturen steht Kindern und Jugendlichen heute nur eine begrenzte Auswahl zur Verfügung. Waren es früher Dutzende Personen, mit denen ein Heranwachsender kontinuierlichen Kontakt hatte, so lassen sich die Bezugspersonen heute oft an einer Hand abzählen. Zudem kamen reale Rolemodels früher auch aus unterschiedlichsten Schichten und Gruppierungen, wie zum Beispiel Sport, Musik, Kirche, Pfadfinderteam oder sonstigen Jugend-

44 Vgl. dazu Kapitel 4.

gruppen. Heute beschränken sich solche realen Kontakte auf ein Minimum. Und diese Personen entstammen meist auch ausschließlich der gleichen Gesellschaftsschicht oder Gruppierung. Dass auf diese Weise auch die Auswahl an Verhaltensmustern, mittels derer Kinder und Jugendliche lernen können, wesentlich geringer ausfällt, liegt auf der Hand. Die Konsequenz: Aufgrund der geringeren Bandbreite an Verhaltensmustern und Erfahrungen schrumpft das Repertoire eines Heranwachsenden in Bezug auf Werte und soziale Fähigkeiten enorm.

Den heute Heranwachsenden dienen andere künstliche Rolemodels als Ersatz – sei es im Internet, durch Computerspiele, in Filmen oder anderen Medien. Und die Denk- und Verhaltensmuster dieser Kunstfiguren funktionieren in ihrer fiktiven Welt auch bestens. Dass dies mit der Realität nur wenig zu tun hat, können die Jugendlichen nicht erfassen. Daher adaptieren sie in Ermangelung echter menschlicher Vorbilder die Verhaltensweisen von Kunstfiguren. Wenn man es überspitzt auf den Punkt bringen möchte, bedeutet dies: Unsere Jugend wird von der Medien-, Film- und Spieleindustrie erzogen.

Wollen wir das? Die dort gezeigten Rolemodels bestimmen entscheidend die Denk- und Verhaltensentwicklung der künftigen Generationen. »Kinder verlieren den Bezug zur Realität. Jeden Tag werden ihnen vollkommene Traum- und Wunschbilder vor Augen geführt. Im Spiegel dieser perfekten Welt verliert die Wirklichkeit an Wert und an Bedeutung«[45], so Erziehungsexperte Wolfgang Bergmann. Das Problem ist offensichtlich, denn die in der fiktiven Welt so erfolgreichen und stimmigen Muster können in der realen Welt ja gar nicht funktionieren. Bergmann resümiert dazu: »Kinder empfinden sich selbst in der Phantasiewelt des Computers als übergroß und mächtig. Alles,

45 Bergmann, Wolfgang (2003): Erziehen im Informationszeitalter. Düsseldorf, S. 20.

was sich ihnen in den Weg stellt, wird vernichtet. Da die Realität aber anders aussieht, flüchten sie sich zunehmend in die Phantasiewelt.«[46] Das reale Leben ist keine Oper, kein Spielfilm und auch kein Computerspiel. Gefallene Helden stehen, einmal tödlich getroffen, nicht wieder auf, nur weil »Game over« angezeigt wird.«Dort lernen sie, dass alles funktioniert, solange man nur den richtigen Knopf drückt. Sie tolerieren keine Fehler mehr, halten Frustrationen nicht mehr stand und sind nicht mehr in der Lage, Impulse zu kontrollieren. Deshalb finden sie sich in der realen Welt immer schlechter zurecht«, erläutert die Grundschullehrerin Sabine Czerny.[47] Das bedeutet: Wenn ein Teenager ein Messer in die Schule mitnimmt, dann nicht, weil er von Haus aus aggressiver und blutrünstiger wäre als frühere Generationen. Nein, er hat nur vielfach in Filmen oder Spielen erfahren, dass man cool ist und Anerkennung bekommt, wenn man damit ausgerüstet ist. Diese Prägung nimmt er auf. Ein Jugendlicher will – wie jeder andere Mensch auch – Respekt und Achtung erfahren. Leider hat er offenbar nicht gelernt, wie er diese Dinge auf anderem, sozial kompetenterem Weg erhalten könnte. Dass er das Messer im Falle einer Auseinandersetzung wahrscheinlich auch verwendet, liegt auf der Hand. Immer wieder zeigen Gespräche mit gewalterfahrenen Jugendlichen, dass sie im Moment der Eskalation wirklich daran glaubten, die Situation auf diese Weise regeln zu können. Bei ihren Helden in Film und Spiel funktionierte das ja auch. Und andere Formen der Auseinandersetzung kannten sie entweder nicht oder diese waren nicht präsent genug.

Der Medienexperte Manfred Spitzer erklärt: »Gewalt in den Medien schädigt insbesondere junge Kinder, da diese zwischen

---

46 Ebd., S. 22.

47 Czerny, Sabine (2010): Was wir unseren Kindern mit der Schule antun – und wie wir das ändern können. München, S. 29.

Realität und Phantasie noch nicht bewusst unterscheiden: Gewalt verstärkt Aggressivität und antisoziales Verhalten, aber auch die Ängste, selbst Opfer von Gewalt zu werden, dies desensibilisiert außerdem gegenüber realer Gewalt und Gewaltopfern.«[48] Hier sehen wir uns also mit dem gleichen Dilemma konfrontiert wie bei den veränderten Familienstrukturen. Dieser Bruch wird ebenfalls nicht mehr zu kitten sein. Im Gegenteil: Die betreffende Industrie wird immer stärker, die Erwachsenen können sich immer weniger um ihre Kinder kümmern und sind froh, dass diese beschäftigt sind. Ferner werden die künstlichen Rolemodels immer aggressiver, immer extravaganter, immer exzessiver – einfach, weil der technisch-visuelle Anspruch immer höher wird. Die Reizüberflutung führt zur Abstumpfung, deshalb verstärken die Produzenten die Reize, um die gewünschten Effekte zu erzielen. Ein ständiges Mehr an Aggression und gewalttätiger Szenerie ist die Folge.

Fiktion ist nicht echt – oder etwa doch?

Auch wenn man es nicht so gern hören mag: Die Wahrnehmung überwiegend fiktiver Inhalte und Handlungsabläufe trübt die Erkenntnis und vermindert die Fähigkeit, zwischen Fiktion und Realität zu unterscheiden. Verschwimmen die Grenzen, wirkt sich das auf die Identifikation aus. So wie sich Kleinkinder mit Zeichentrickfiguren identifizieren, so identifizieren sich Jugendliche mit künstlichen Rolemodels aus Computerspielen oder billigen Gewalt- und Horrorstreifen. Die fiktive Welt wird erschreckend real und findet so ihren Weg ins Ich. »Ich glaube, sie [die Vorbilder] sind ein menschliches Urbedürfnis. Wir werden als total hilflose Wesen geboren, und deshalb brauchen wir Erwachsene, die mit der Welt zurechtkommen und an denen wir

48 Spitzer, Manfred (2006): Vorsicht Bildschirm! Elektronische Medien, Gehirnentwicklung, Gesundheit und Gesellschaft. München, S. 205.

uns orientieren können. Außerdem brauchen wir Ideale, nach deren Verwirklichung wir streben können. Sonst sind wir einem Gefühl der Leere ausgesetzt. Nehmen Sie die Religion, auch sie ist auf dieses Bedürfnis zurückzuführen«[49], sagte die Psychoanalytikerin Margarete Mitscherlich in einem Interview und brachte damit das verheerende Dilemma auf den Punkt. Wie sehr wir uns auch dagegen wehren: Alle Menschen brauchen und suchen Rolemodels – und sie nehmen die, die ihnen angeboten werden, egal wo und durch wen.

In der Hierarchie der elektronischen Medien haben der Computer und das Internet schon längst das Rennen für sich entschieden. In dieser Welt der ständigen Verfügbarkeit, die bei jugendlichen Nutzern von sozialen Netzwerken dominiert wird, ist der Bezug zum realen Leben längst abhandengekommen. Es gibt inzwischen Untersuchungen[50], die belegen, dass die Anzahl der Facebook-Kontakte in direktem Zusammenhang mit Angstgefühlen steht. Und zwar anders, als man vermuten könnte: Ängstlich ist nämlich der, der viele Freunde hat! Viele Freunde zu haben fördert das Bedürfnis, ja sogar den Zwang, ständig präsent, also online, zu sein. Das wirkliche Leben muss in der Konsequenz zurücktreten, um die virtuellen Freundschaften zu pflegen. Den dabei entstehenden Druck bezeichnet Winterhoff in seinem Buch *Lasst doch die Kinder wieder Kinder sein!* als Katastrophenmodus der Psyche.[51] Leben in der virtuellen Welt führt zwangsläufig zum Verlust der realen Welt.

Lassen Sie bitte folgende Statistik auf sich wirken: »Deutsche Kinder haben nach zehn Schuljahren etwa 15000 Schul-

49 http://www.zeit.de/2007/09/Vorbilder-Mitscherlich, 24. 11. 2011.
50 http://www.spiegel.de/netzwelt/netzkultur/0,1518,149066,00.html, 01. 08. 2010; André Hahn, Matthias Jerusalem: Internetsucht: Jugendliche gefangen im Netz, http://www.onlinesucht.de/internetsucht_preprint.pdf, 01. 05. 2004; http://arbeitsblaetter.stangl-taller.at/SUCHT/Internetsucht.shtml.
51 Winterhoff (2011), S. 63.

stunden, aber rund 18 000 Fernsehstunden hinter sich. Bis zum 18. Lebensjahr haben sie so 200 000 Gewalttaten verfolgt und ca. 40 000-mal das Gesicht eines sterbenden Menschen gesehen.«[52]

In der Realität ist alles besser?

Leider nicht! Denn es gibt noch eine ganz spezielle Art von Rolemodels, die ebenfalls ihren Anteil am Niedergang unserer sozialen Werte und Fähigkeiten haben. Es sind die sogenannten natürlichen Rolemodels, also Menschen aus Fleisch und Blut. Diese finden sich nicht nur im familiären Umfeld, das die Entwicklung der Kinder positiv begleiten und in die richtige Richtung lenken kann, sondern auch im gesamtgesellschaftlichen Bereich. Beurteilen Sie selbst, wie folgende Rolemodels auf die nächste Generation wirken:

- Amokläufer, die nach dem Amoklauf in Videos im Internet als Helden bzw. Märtyrer verherrlicht werden
- Politiker, die ihre Karrieren auf Lügen und Betrug aufbauen, Steuergelder vernichten, Entscheidungen gegen die Interessen der eigenen Bevölkerung treffen und im Regelfall nur selten dafür geradestehen müssen
- Manager, die eine menschenverachtende Firmenpolitik durchsetzen und dabei sowohl hohe Gewinne als auch allseitige Anerkennung einfahren
- Wirtschaftskriminelle, die sich auf Kosten anderer bereichern und nach einer verhältnismäßig geringen Strafe ihr Luxusleben genießen
- Und nicht zuletzt der Schuljunge, der einem anderen ein paar Fausthiebe zugefügt hat und seither von den Mitschülern mit ängstlichem oder gar bewunderndem Respekt behandelt wird.

52 Czerny (2010), S. 27.

Auch diese Rolemodels prägen unsere Jugend und somit die nächste Generation. Mit gesundem Menschenverstand allein kommt man dagegen nicht an. Die Prägung und Identifikation mit natürlichen wie künstlichen Rolemodels hat sich schon längst verselbstständigt.

Wenn wir uns nun also zusammenfassend ansehen, welche Vorbilder unsere Jugend hat, welche Rolemodels ihre Werte und sozialen (Un-)Fähigkeiten an die nächste Generation weitergeben, dann müssen wir notgedrungen feststellen, dass wir in einer ziemlichen Sackgasse stecken. Ein Ausweg aus diesem Dilemma ist nicht in Sicht– schon deshalb, weil dieser Weg politisch, wirtschaftlich und gesellschaftlich so radikal sein müsste, dass er kaum umsetzbar wäre. So wächst eine entrückte Generation heran, die den Bezug zum wahren Leben sukzessive verliert.

Grund 5: Zu viele Möglichkeiten mit weitreichenden Folgen

Als ob sinkende Kommunikations- und Konfliktfähigkeiten, sich auflösende Strukturen, das Fehlen der natürlichen Weitergabe von Sozialkompetenz und die völlig irreführenden Vorbilder nicht schon genug wären, sehen wir uns in den letzten zwei Jahrzehnten mit einem weiteren Problem konfrontiert: dem zunehmenden Verlust des schlechten Gewissens. Ursache hierfür ist der immer leichtere Zugang zu allen nur erdenklichen Möglichkeiten, schädliche Handlungen zu verüben, und deren immer größere Anziehungskraft, die kaum noch zu kontrollieren ist. Zu unterscheiden, was gut und böse und was als richtig oder falsch zu bewerten ist, erscheint dabei immer schwerer – für junge Leute oft geradezu unmöglich.

Das Tüpfelchen auf dem i: no limits!

Menschen mit gering ausgeprägtem Gewissen gab es schon immer. Doch warum wird es gerade jetzt so brisant? Meines Erachtens ist das so, weil die Zahl dieser Leute immer mehr zunimmt. Zudem erweitert sich aufgrund der technischen Entwicklung das Spektrum an potenziell katastrophalen Handlungen immer weiter. Lassen Sie mich dies mit ein paar Beispielen verdeutlichen: Laserpointer, klein und handlich, gab es früher nur in Business-Präsentationen. Heute kann man diese kleinen Geräte überall kaufen und bekommt per Aufkleber die Belehrung, dass das Anstrahlen von Tieren und Menschen, insbesondere der Augen, verboten ist, da es zur Erblindung führen kann. So weit, so gut. Doch was geschieht? Teenager brachten in Österreich mithilfe eines handelsüblichen Laserpointers einen Rettungshelikopter fast zum Absturz. Und in Hamburg musste ein Airbus durchstarten, weil Kinder den Piloten blendeten.[53] Oder: In Wien fuhren Jugendliche im Auto durch die Straßen und schossen mit einem Luftdruckgewehr auf Passanten. An sich keine allzu gefährliche Sache, dachten sie, doch dann verletzten sie einen Passanten so unglücklich am Hals, dass dieser in der Klinik nur durch eine Notoperation gerettet werden konnte.

Oder: Ein Junge, gerade mal zwölf Jahre alt, stürzte sich aus dem Fenster und starb, nachdem er entdeckt hatte, dass »Freunde« unter seinem Namen ein falsches Facebook-Profil mit kompromittierenden Inhalten erstellt hatten.

In allen drei Beispielen gaben die Täter in den Befragungen zu Protokoll, weder Reue noch schlechtes Gewissen empfunden zu haben, und sie waren sich laut eigenen Aussagen über die Konsequenzen ihrer Taten nicht im Klaren. Sie hatten einfach nicht darüber nachgedacht. Wie so oft hinkt die Gesetzgebung hier

---

53 http://www.spiegel.de/reise/deutschland/0,1518,708360,00.html.

der Phantasie hinterher, denn es gibt keine Strafen für das große Leid, das teils noch minderjährige Straftäter mit ihren Taten anrichten.

Der Dalai Lama sagte 2003 in Bezug auf die Attentate vom 11. September 2001: »Technologie ist eine gute Sache, aber ihr Einsatz durch Personen, die kein gut entwickeltes menschliches Leben haben, kann katastrophal sein.«[54] Und genau das ist der Punkt: Die schnell fortschreitende Technik und die scheinbar unbegrenzten Möglichkeiten können zur Waffe werden, die sich gegen die Gesellschaft richtet. Und das geschieht auch, weil die Politik es bislang vermieden hat, Technologie - abseits des alltäglichen Gebrauchs - zu bewerten und zu reglementieren. Doch die Politik muss weiterdenken, muss das Unmögliche für möglich halten und einen sicheren Rahmen für die Gesellschaft bieten.

Mensch aus Eis

Einen Menschen mit schweren Defiziten hinsichtlich seiner sozialen Kompetenzen nennt man im psychologischen Fachjargon einen Soziopathen. Dieser kennt weder Gefühle, noch weiß er um ein schlechtes Gewissen. Reue, Schuld und Skrupel sind ihm unbekannt. Wie es Fremden, Freunden oder Verwandten geht, ist ihm egal. Auch natürliche Scham ist ihm nicht gegeben. Was andere über ihn denken, interessiert ihn nicht. Dass man ihn für faul, rücksichtslos oder egoistisch halten könnte, kommt ihm nicht in den Sinn. Der Begriff »Verantwortung« ist ihm fremd. Diejenigen, die Verantwortung übernehmen und tragen, hält er für gutmütige Trottel. Doch das ist nicht alles. Die eigentliche Dramatik liegt darin, dass sich ein Soziopath all dieser negativen Attribute gar nicht bewusst ist, er sogar im Gegenteil all die anderen abschätzig beurteilt, die es wagen, Kritik an ihm

54 Stout (2006), S. 267.

zu üben. Was einen Soziopathen ausmacht, ist die Fähigkeit, all die persönliche Kälte und Ich-Bezogenheit vor anderen zu verbergen.

Ein Soziopath kann nur so agieren, weil immer noch die meisten Menschen davon überzeugt sind, dass das Gewissen eine naturgegebene Gehirnfunktion ist. Deshalb kommt auch niemand auf die Idee, dass er seine Ziele kalt und zielstrebig, ohne Rücksicht auf Verluste verfolgt. Nach außen hin wirkt er »normal«, doch er funktioniert ohne Gewissen, also frei von jeglicher innerer Kontrolle.

Nach Schätzungen der amerikanischen Psychologin Martha Stout[55] sind rund vier Prozent der Bevölkerung diesem Profil zuzuordnen. Das ist jeder Fünfundzwanzigste. Im Gegensatz zu vielen anderen psychisch Erkrankten haben Soziopathen kein Empfinden für ihre Störung und begeben sich daher auch nicht in Behandlung. Darum kommt man ihnen nur über ihre Opfer auf die Spur.

Ein Lob dem guten Gewissen

Ein Leben ohne Gewissen, so behaupte ich, ist ein vertanes Leben. Denn ein Leben mit gut funktionierendem Gewissen zu führen bedeutet, dass wir Liebe und Glück empfinden können. Wir sind Teil des täglichen Gebens und Nehmens und können die kleinen Freuden genießen. Ein Gewissen zu haben ist keine Anstrengung, sondern ein natürlicher Reflex.

Viele kluge Menschen haben sich immer wieder den Kopf darüber zerbrochen, wie man dieses »Gewissen« zu fassen bekommen könnte, um es in eine allgemeingültige Definition zu bringen – mit begrenztem Erfolg. Alle Weltreligionen haben es versucht, und so unterschiedlich ihre Ideologien auch sein mögen, sie kamen alle mehr oder minder zum gleichen Ergebnis:

55 Ebd., S. 9.

»Alles nun, was ihr wollt, dass die Menschen euch tun, ebenso sollt auch ihr ihnen tun«[56], sagte Jesus. »Was dir verhasst ist, das tu auch deinem Nächsten nicht an«,[57] verlangt ein jüdisches Sprichwort, und »Was man selbst nicht wünscht, das füge man anderen nicht zu«, wusste schon Konfuzius.[58] Das ist alles gut gemeint, liefert aber keine Erklärung für das Vorhandensein eines Gewissens. Jahrtausendelang zog man sich deshalb darauf zurück, dass das Gewissen etwas mit menschlichem Verstand und göttlichem Korrektiv, sprich Moral, zu tun hat. Dann kam Sigmund Freud – Arzt, Wissenschaftler und Atheist. Er entwickelte die These, dass in der kindlichen Psyche bei normaler Entwicklung eine Autoritätsebene entsteht, das Über-Ich.[59] Diese Ebene jedoch wird – abweichend vom bisherigen Glauben – nicht durch göttliche Erkenntnis gespeist, sondern durch die Eltern des Kindes beeinflusst. »Faktisch entrang Freud mit seiner ›Entdeckung‹ des Über-Ichs das Gewissen den Händen Gottes und legte es in die begierigen Klauen der allzu menschlichen Familie«, so Martha Stout.[60] Freuds Modell der Psyche hat noch zwei weitere Komponenten – das Es und das Ich. Während das Es die niederen Instinkte und biologischen Bedürfnisse bedient, bildet das Ich den rationalen, bewussten Teil der Psyche. Das Über-Ich wiederum entwickelt sich auch aus dem Ich, indem ein Kind lernt, die externen Regeln seiner Eltern und die der Gesellschaft zu verinnerlichen. Das Über-Ich ist also die mahnende innere Stimme, die Nein sagt, wenn kein anderer zur Stelle ist. Dieser Denkansatz erscheint mir durchaus logisch und nachvollziehbar und unterstützt meine These, wie wichtig die Weitergabe

56 Matthäus 22, 36–40.
57 Talmud, Shabbad 31a.
58 Zitiert nach Stout (2006), S. 263.
59 Freud, Sigmund (1982b): »Das Ich und das Es«, in: ders.: Psychologie des Unbewußten. Studienausgabe, Bd. III, Frankfurt, S. 273–325.
60 Stout (2006) S. 36.

von Sozialkompetenz durch Familien und Gesellschaft an junge Menschen ist.

Eine ganz altmodische Forderung

In Anbetracht der fünf aufgelisteten Gründe und ihrer Konsequenzen besteht hinsichtlich der weiteren gesellschaftlichen Entwicklung wenig Grund zu Optimismus. Renommierte Psychologen wie Martin Seligman empfehlen, ein stärkeres Augenmerk auf die »Moralerziehung der Kinder«[61] zu richten, ich fordere mehr soziale Kompetenz ein. Das ist keineswegs ein Widerspruch, nur zwei verschiedene Sichtweisen auf das gleiche Problem.

Wie sich ein Mensch entwickelt, hängt zu einem Großteil davon ab, welchen Weg er einschlägt und welche Konsequenzen diese Entscheidung mit sich bringt. Jemand, der stets auf einem von seinem Umfeld akzeptierten Weg lebt, wird fast immer positive Resonanz ernten. Und so gelingt es ihm auch, sein Verhalten, seine Werte und damit im Idealfall seine sozialen Kompetenzen laufend zu verstärken. Ein anderer, der ab und zu vom Weg, den sein Umfeld als »gut« bezeichnet, abweicht, wird auch mal negative Resonanz ernten und hat dann, je nach Situation, eine bestimmte Menge an Energie aufzubringen, um das wieder wettzumachen. Es bedarf viel Kraft und persönlichen Einsatzes, um einen neutralen Status zurückzuerlangen, von dem aus er den vom Umfeld akzeptierten Weg ohne größere Reibungsverluste weitergehen kann. Das bedeutet also, dass es ein Mensch umso schwerer hat, sich in einer Gemeinschaft zurechtzufinden und sowohl mit sich selbst als auch mit seinem Umfeld gut zurechtzukommen, je öfter er von dem vom Umfeld akzeptierten Weg abkommt. Das »Zurückfinden« und »Re-integrieren« wird

---

61 Seligman, Martin E. P. (2003): Authentic Happiness. Using the New Positive Psychology to Realize Your Potential for Lasting Fulfillment. New York

immer schwerer und die Verantwortung dafür liegt bei der jetzt sozial kompetenten Generation.

»Was vermitteln Eltern und Großeltern, Kindergärtnerinnen und Lehrer, Ausbilder und Professoren? Zeigen sie den ihnen Anvertrauten, neben allem Lebensnotwendigen, Praktischen auch, hin und wieder im Spiel aufzugehen, sich gefangen nehmen zu lassen von der Natur und von den Künsten? Lehren sie sie, ein tiefsinniges Buch von einem flachen, einen guten Film von einem schlechten zu unterscheiden? Wecken sie in ihnen auch solche Fähigkeiten, die voraussichtlich nicht zum Geldverdienen taugen, sondern ›nur‹ zur Steigerung der Lebensfreude? Machen sie ihnen bewusst, welche geringen materiellen Mittel der Mensch zu einem erfüllten Leben braucht, oder belassen sie sie in der Vorstellung ›we were born to shop‹ – ausschließlich zum Konsum bestimmt? Erschließen sie ihnen den Wert der Zeit, vor allem aber den ungeheuren Reichtum, der einzig in ihnen selber steckt – in ihrer Phantasie, Kreativität, Spontaneität, Empathie?«[62] Darum geht es doch schlussendlich: an die nächsten Generationen weiterzugeben, was wirklich zählt, was wichtig ist, damit diese lernen, auch in Zukunft ein gutes Verhältnis zu sich selbst wie zu ihrer Umwelt aufrechtzuerhalten.

62 Miegel, Meinhard (2010): Exit. Wohlstand ohne Wachstum. Berlin, S. 237.

KAPITEL 4

IST UNSERE GESELLSCHAFT NOCH ZU RETTEN?

Erinnern Sie sich noch an die Szenarien aus Kapitel 1? Haben Sie nachgeschaut, welche davon bereits real, welche frei befürchtet und welche Zukunftsvisionen waren? Die meisten davon entsprechen bereits der Realität, standen so oder so ähnlich in der Tagespresse – häufig als Randnotiz.

Es ist erschreckend, dass die gesamtgesellschaftliche Entwicklung, die zweifellos eine fatale Richtung einschlägt, nicht von den Medien wahrgenommen wird. Und niemand scheint über die Konsequenzen oder die Ursachen nachzudenken. Bevor wir uns der Frage zuwenden, wie es gelingen kann, dieser Situation zu entkommen, wage ich einen kleinen Ausblick auf die Zukunft unserer Gesellschaft. Wenn sich die Welt in nicht einmal 20 Jahren so entwickelt hat wie beschrieben, wie sieht sie dann in weiteren 20 Jahren aus?

Krieg der Generationen

Da wir die jetzige Situation in unserer Gesellschaft zwischen Jung und Alt als »Generationenkonflikt« bezeichnen, lässt sich bereits absehen, dass wir künftig auf einen »Generationenkrieg« zusteuern. Warum?

Es gibt dafür viele Gründe, die alle in den letzten 20 bis 30 Jahren ignoriert wurden. Natürlich kippt die Bevölkerungspyramide nicht erst seit der Jahrtausendwende, schon zuvor hatten die Demographen immer wieder auf diese besorgniserregende Entwicklung hingewiesen.

Der demographische Wandel ist längst in vollem Gange. Er wird allgemein an drei Faktoren gemessen: Geburtenrate, Lebenserwartung und (Zu)Wanderung.[63] Alle drei Faktoren haben sich in den letzten Jahrzehnten dramatisch verschoben und zu einem Ungleichgewicht geführt. Daraus erwächst eine komplexe Heterogenität – und zwar nicht nur in Bezug auf die Zusammensetzung unserer Gesellschaft, sondern auch hinsichtlich der Lebensverhältnisse.

Es werden immer weniger Kinder geboren, und die Menschen haben im Gegenzug eine höhere Lebenserwartung; das Manko an Bevölkerungszuwachs wird durch Zuwanderung ausgeglichen. Durch die Überlastung der Sozialsysteme und die zunehmende Heterogenität sind soziale Konflikte absehbar und – nach meiner Beobachtung – auch schon im Gang.

Das Letzte, was sich unsere Gesellschaft und Politik angesichts dieses Befunds leisten kann, ist es, zu zögern. Die Fragen, die sich stellen, und die Probleme, die zu eskalieren drohen, könnten drängender kaum sein.

Verzockt, verbraucht, abgewirtschaftet

Unsere Gesellschaft steht insbesondere in der Verantwortung gegenüber ihren Kindern und Kindeskindern. Es ist unsere Pflicht, den nachfolgenden Generationen Handlungsspielräume zu hinterlassen, die ihnen die Chance geben, ihr Leben selbst zu gestalten.

Die Konsolidierung der Staatshaushalte ist daher eines der Themen, die dringender Aufmerksamkeit bedürfen. Bekommen wir die Staatsverschuldung nicht in den Griff, so hinterlassen wir

63 Bertelsmann Stiftung (Hrsg.): Demographischer Wandel, in: Forum. Das Magazin der Bertelsmann Stiftung (1/2006). Gütersloh, S. 3.

den kommenden Generationen nur einen Schuldenberg, den sie verwalten und abtragen müssen. Schon jetzt sind viele Volkswirtschaften in arger Bedrängnis.

Apropos Wirtschaft: Welche Macht haben große Wirtschaftsunternehmen und welche gesteht man Rating-Agenturen zu? Mehr als einmal in den letzten Jahren konnten die Menschen beobachten, wie die Politik der Wirtschaft in die Hände spielte und am Gemeinwohl vorbei agierte. Richard David Precht argumentierte dazu in einem *stern*-Interview: »Die Gleichung war ganz einfach: Was wirtschaftlich effizient ist, sei auch politisch richtig. Das ist in dieser einfachen Logik grundfalsch. [...] In einer Demokratie aber hat die Wirtschaft der Politik dabei zu helfen, vielen Menschen die Chance auf ein erfülltes Leben zu geben. Sie ist kein Selbstzweck. Unsere Politiker haben den neoliberalen Irrsinn nachgebetet, dankbar dafür, dass jemand ihnen das Denken abgenommen hat. Und Stück für Stück hat sich die Politik die demokratische Macht aus den Händen nehmen lassen.«[64] Genau das ist das Problem.

Um dieses zu lösen, brauchen wir unter anderem ein qualitativ hochwertiges Bildungssystem, das die bestmögliche Ausbildung gewährleistet. Wenn unsere Gesellschaft künftig im internationalen Wettbewerb, den eine rasante Globalisierung mit sich bringt, bestehen will, dann brauchen wir ein völlig neues Bildungssystem. Leider haben wir es noch nicht.

Angesichts des Fachkräftemangels können wir auf keinen jungen Menschen verzichten. Doch in der Bundesrepublik leistet man sich derzeit eine Schulabbrecherquote von 15 Prozent.[65] Jeder Schüler muss nach seinen Fähigkeiten und Talenten gefördert werden, um in Zukunft überlebensfähig zu sein. Dabei ist soziale Kompetenz von ganz entscheidender Bedeutung. Schu-

64 Stern: Was im Leben zählt (48/2011), S. 152.
65 www.eine-schule-für-alle.info.

lische Bildung darf sich heute nicht mehr allein auf Wissenstransfer beschränken.

Der Fehler erhält das System

Lassen Sie uns die Faktoren des demographischen Wandels näher betrachten: In der westlichen Welt werden immer weniger Kinder geboren. Dem Geburtenrückgang steht ein deutlicher Anstieg der Lebenserwartung gegenüber. »Jeder Geburtsjahrgang kann heute auf ein um zwei bis drei Monate längeres Leben als der vorhergehende Jahrgang hoffen. Die Chancen eines Neugeborenen, hundert Jahre alt zu werden, liegen inzwischen bei mehr als 50 Prozent.«[66] Der Geburtenrückgang wurde nicht nur in Deutschland durch Zuwanderung ausgeglichen. In der Vergangenheit kamen so durchschnittlich 200 000 Migranten pro Jahr ins Land. Im Jahr 2004 reduzierte sich diese Zahl auf rund 82000 Personen.[67] Sollte sich diese Tendenz fortsetzen, würde die Gesamtbevölkerungszahl beispielsweise in der Bundesrepublik von rund 81 Millionen auf rund 65 Millionen im Jahr 2055 schrumpfen. Das hätte zur Konsequenz, dass weniger junge Menschen mehr ältere »ernähren« müssten, obwohl die Staatshaushalte jetzt schon überschuldet sind.

Vor dem Hintergrund der prognostizierten Bevölkerungsentwicklung muss über eine neue Form der »Generationengerechtigkeit« nachgedacht werden. Dazu gehört auch ein verantwortungsvoller Umgang mit dem Älterwerden. Und zwar nicht in dem Sinne, dass man ernsthaft darüber nachdenkt, wie sich die Sozialsysteme neu strukturieren lassen. Es geht vielmehr um die

---

66 Meier, Johannes; Esche, Andreas (2006): »Wir brauchen Perspektiven für die nächste Generation. Ein Panorama des demographischen Wandels in Deutschland.« In: Bertelsmann Stiftung (Hrsg.): Demographischer Wandel, in: Forum. Das Magazin der Bertelsmann Stiftung (1/2006). Gütersloh, S. 5.

67 Ebd.

bestmögliche Nutzung des vorhandenen Potentials. Der Blick muss von der Bestandswahrung hin zu neuen Handlungsspielräumen gehen. Bisher geschieht das aber nicht, denn: Der Fehler erhält das System.

Dieser Fehler ist mangelnde Sozialkompetenz. Es stellt sich also die Frage: Wie kann die Gesellschaft das Problem mangelnder Sozialkompetenz lösen? Die Lösung wird leider genau dadurch erschwert, dass der Fehler das System erhält. Das bedeutet, dass die gesellschaftlich Verantwortlichen, die mittels ihrer Position in der Lage wären, das Schiff in die richtige Richtung zu lenken, dies nicht können, weil es ihnen aufgrund ihrer Erziehung und Prägung an den entsprechenden Fähigkeiten mangelt. Von welchen Personengruppen ist die Rede? Es sind erstens die Lehrer, die selbst nur über eingeschränkte Sozialkompetenzen verfügen, von denen man aber verlangt, dass sie in der Schule neben fachlichem Wissen auch Sozialkompetenz vermitteln. Zweitens Führungskräfte unserer Unternehmen, von denen man erwarten könnte, dass sie sich für mehr soziale Kompetenz bei ihren Mitarbeitern einsetzen. Doch wie soll ihnen dies gelingen, wenn sie selbst nur in geringem Maß sozial kompetent sind? Und drittens die Politiker: Gern schreiben sie sich auf die Fahnen und in ihre Wahlprogramme, dass sie Zukunft und Gesellschaft gestalten möchten. Es ist ihre Pflicht, dafür zu sorgen, dass innerhalb der Gesellschaft mehr soziale Kompetenzen vermittelt werden. Dieser Pflicht genügen sie aber nicht – und können es auch nicht, weil sie selbst zum Großteil nur über sehr geringe Sozialkompetenz verfügen.

Wer nach einfachen Lösungen für diese gesamtgesellschaftlichen Probleme sucht, muss scheitern. Es gibt nicht das eine Gesetz oder die Verordnung, die die Gesellschaft wieder auf den Pfad der Tugend zurückführen könnte. Daher gilt es, die notwendigen Veränderungen parallel auf mehreren Ebenen anzustoßen.

Die Generation 50 plus

Wie werden die Älteren in Zukunft leben? Kehren wir zum Szenario aus Kapitel 1 zurück: Die junge Generation wird im schlimmsten Falle auf offener Straße auf ältere Menschen einprügeln. Bestenfalls ziehen sich die Älteren in sogenannte DOGs, »Districts for the older generation«, zurück. Aus diesen Bezirken werden sich ältere Leute nur noch in Gruppen oder in Begleitung von Sicherheitspersonal heraustrauen. Dieses können sie sich aber vermutlich leisten, weil es der Generation 50 plus wenigstens finanziell sehr gut gehen dürfte. Denn jene Industriezweige, die von einer alternden Gesellschaft besonders profitieren, werden nicht zögern, durch entsprechende politische Lobbyarbeit darauf hinzuwirken, dass ihre wichtigste Konsumentengruppe auch genügend Geld hat, um die angebotenen Leistungen und Produkte zu kaufen. Da die Generation 50 plus mit Abstand die größte Wählergruppe stellt, dürfte dies nicht allzu schwer zu bewerkstelligen sein. Im Umkehrschluss bedeutet dies, dass die Wünsche der Wähler unter 50 von den Politikern entsprechend weniger berücksichtigt würden. Man benötigt die jüngere Generation lediglich, um die Wirtschaftsleistung zu erbringen, die den älteren Menschen ihren Lebensstandard ermöglicht.

Folgt man meinen Vermutungen, so sind Konflikte zwischen den Generationen unausweichlich. Mehr noch: Diese drohen zu eskalieren, eben weil die jüngere Generation zudem das Manko mangelnder Sozialkompetenz nicht kompensieren kann. Dafür wiederum zeichnet die Generation 50 plus mitverantwortlich, denn sie hat es nicht geschafft, den Jugendlichen Sozialkompetenz zu vermitteln. Schließlich sind die Eltern schon durch die Berufstätigkeit beider Seiten an die Grenzen ihrer Belastbarkeit gestoßen. Statt sich um ihre Kinder zu kümmern und ihnen soziale Kompetenzen beizubringen, waren und sind sie gezwungen, den Schulen die Erziehung zu überlassen.

Das mag jetzt übertrieben und ungerecht klingen, denn oft

sind es äußere Zwänge, die Familien in diese Situation drängen. Nicht alle arbeiten für den erhofften Luxus, viele kämpfen gegen die Armut. Dabei rangiert die Vermittlung sozialer Kompetenzen schon aus Zeitgründen unter »ferner liefen«, und der Verlust derselben potenziert sich über Generationen. Die Eltern beruhigen sich vielfach noch damit, dass die Schule einige Defizite ausgleichen wird. Aber die Schulen sind denkbar ungeeignet, um soziale Kompetenzen zu vermitteln (vgl. S. 32 ff.), denn erstens sind die Lehrkräfte schon mit der Vermittlung von fachlichem Wissen überlastet, zweitens hatte und hat man an den Problemen, die durch falsche Migrationspolitik hervorgerufen wurden, zu tragen. Dort, wo beispielsweise unter 30 Schülern nur drei deutschsprachige zu unterrichten sind, muss das althergebrachte System scheitern. Und drittens erhält der Fehler das System: Wenn der Lehrer bereits wenig oder gar keine Sozialkompetenz besitzt, wie soll er sie dann vermitteln?

Die Generation der Jungen

Damit wächst eine Generation unter 50 heran, die ins Arbeitsleben integriert werden soll, dafür aber denkbar schlechte Voraussetzungen mitbringt. Hinzu kommt, dass diese künftigen Arbeitnehmer extrem hart arbeiten müssen, um zu überleben. Mit dem Einkommen auszukommen, das Berufseinsteiger in der heutigen Zeit verdienen, wird immer schwieriger. Zudem entsteht der Eindruck, die »Alten« würden sich ein gutes Leben auf Kosten der jungen Generation machen. Der gesellschaftliche Bruch vertieft sich, da die meisten jüngeren Menschen nicht gelernt haben, Konflikte friedlich zu lösen und Kompromisse einzugehen. Von generationenübergreifender Solidarität wird bald keine Rede mehr sein.

Zusammenfassend bleibt festzuhalten: Die junge Generation muss immer mehr arbeiten, um für sich und die Vorgängergeneration zu sorgen, und bekommt immer weniger dafür. Es muss zwangsläufig zum Generationenkrieg kommen, und dieser wäre das Ende der Gesellschaft, wie wir sie heute kennen.

Den Fehler bei der Wurzel packen – aber wo ist sie?

Drehen wir die Uhr um 2000 Jahre zurück: Die Kultur der alten Griechen und Römer wurde so bedeutsam, weil die Lehrer den jungen Menschen nicht nur Fachwissen weitergaben, sondern auch immer Lebensbildung mit transportierten.

Im Zuge der Aufklärung und der nachfolgenden Industrialisierung wurde Bildung zum Allgemeingut. Schulische Erziehung war jedoch bis ins 19. Jahrhundert hinein ein Privileg der höheren Stände. Ein für jedermann zugängliches Bildungsangebot gab es nicht. Erst 1919 wurde in Deutschland eine allgemeine Schulpflicht eingeführt und in Artikel 145 der Weimarer Verfassung festgeschrieben.[68] Man befand, dass Bildung kein Elitegut mehr sein dürfe, sondern für jedermann zugänglich sein müsse. Allerdings konnte Bildung für alle nicht auf dem gleichen Niveau wie die frühere reine Elitebildung stattfinden. Der Staat beschnitt daher die Bildungskompetenz der Schulen genau an der Stelle, wo es einerseits logisch, aber in der Konsequenz fatal war: bei der Lebensbildung, der Weitergabe sozialer Fähigkeiten. Diese wurde in den Kompetenzbereich der Familie übergeben.[69] Eine Zeitlang hat das auch sehr gut funktioniert. Später zeigte sich jedoch, dass viele Eltern sozialpädagogische Unterstützung benötigten. Daraus resultierende Angebote zur Konflikt- und Krisenbewältigung wurden rasch zu professionellen Dienstleis-

68 http://www.documentarchiv.de/wr/wrv.html.
In Österreich wurde bereits 1774 von Maria Theresia eine einjährige Schulpflicht eingeführt. Vgl. dazu http://www.bmukk.gv.at/schulen/bw/ueberblick/Zeittafel_fuer_das_Gebie2010.xml, 09. 12. 2011.

69 http://www.documentarchiv.de/wr/wrv.html, Artikel 120.

tungen. Immer mehr junge Menschen gerieten in den Bann von Drogen und Alkohol, kamen mit dem Gesetz in Konflikt oder mussten sich gegen ein gewaltbereites Umfeld zur Wehr setzen. Die Sozialpädagogik war geboren.

Unsere Gesellschaft ruht also auf drei Bildungssäulen: die Grundausbildung in der Schule, die Fachausbildung im Beruf und die Lebensbildung, für die die Familie zu sorgen hat. Trotz der starken gesellschaftlichen Veränderungen hat man die Tragfähigkeit der Bildungssäulen nie hinterfragt, nie auch nur einen Gedanken daran verschwendet, ob diese ursprünglich ausgewogene Basis vielleicht gar nicht mehr so ausgewogen ist. Den sozialpädagogischen Interventionen gelingt die Stabilisierung jedenfalls schon lange nicht mehr.

Das Elternhaus

Einst Heimstätte der Lebensbildung, ist das Elternhaus heute oft ein verlassener Ort. Eine Wohngemeinschaft von Erwachsenen und Kindern, die nebeneinander anstatt miteinander leben. Familie – im klassischen Sinn – war geprägt von der Übernahme gegenseitiger, generationsübergreifender Verantwortung. Im Zeitalter höchster Flexibilität und Mobilität, die die Berufswelt heute fordert, ist das jedoch kaum mehr möglich. Großmütter sitzen nicht mehr im Schaukelstuhl und können sich um die Kinder kümmern, die Fahrtzeiten zum Arbeitsplatz und retour, die als zumutbar gelten, sprengen längst den familienverträglichen Rahmen. Hinzu kommt der extreme finanzielle Druck, der dem Einzelnen schlussendlich keine Wahl lässt.

Die Institution »Familie« steht im Spannungsfeld verschiedener Anforderungen, vor allem solcher, denen sie nicht mehr gewachsen ist. Die Vermittlung sozialer Kompetenzen kommt dabei notgedrungen zu kurz, zumal die Eltern von heute bereits selbst mit Sozialkompetenz-Defiziten zu kämpfen haben.

Die Schule

Was die Eltern nicht einmal mehr als Grundlage vermitteln können, fängt auch die Schule nicht auf. Ich behaupte, mit jeder neuen PISA-Studie wird die Bildungspolitik noch katastrophaler, noch konfuser. »Generation Doof« titelten die Autoren Stefan Bonner und Anne Weiss Ende 2010.[70] Wahrscheinlich zu wahr, allerdings finde ich persönlich das überhaupt nicht witzig. Jedes Kind besitzt eine natürliche Neugier und einen natürlichen Lernwillen. Beides richtet das aktuelle Bildungssystem systematisch zu Grunde. Das System produziert Schulversager am laufenden Band, junge, frustrierte Menschen mit mangelndem Selbstbewusstsein und geringer sozialer Kompetenz.

Die Ausbildungsstellen

Was die einen nicht anfangen und die nächsten nicht auffangen, können die dritten nicht mehr richten: Berufliche Bildung auf höchstem Niveau kann ohne sozial kompetente Basis nicht gelingen. Doch die Basis ist brüchig, zumal durch das generell sinkende Bildungsniveau dem hohen Anspruch in der beruflichen Qualifikation nicht mehr Rechnung getragen werden kann. Aber das ist nur die eine Seite der Medaille. Die andere ist, dass viele junge Menschen gar nicht mehr in der Lage sind, eine berufliche Ausbildung durchzuhalten. Da sie mit sich selbst und mit ihrem Umfeld immer schlechter zurechtkommen, kommt es häufiger zu Konflikten am Arbeitsplatz. Die Zahl der Ausbildungsabbrecher steigt stetig. Bei den Azubis im dualen Ausbildungssystem lag die Quote im Jahr 2008 bei 11 Prozent, bei einzelnen Berufszweigen, wie zum Beispiel Bäckern, betrug sie sogar bis zu 18 Prozent.[71]

---

70 Bonner, Stefan; Weiss, Anne (2010): Generation Doof: Wie blöd sind wir eigentlich? Köln.

71 http://de.statista.com/statistik/daten/studie/1733/umfrage/ausbildungsabbrueche-nach-berufen/.

Die Wirtschaft

Es gehört zwar heute zum Standard, von Bewerbern auch Sozialkompetenz, die sogenannten Soft skills, zu verlangen – jedoch oftmals weniger aus Überzeugung denn aus Imagegründen. Dadurch sind viele Arbeitsverhältnisse zum Scheitern verurteilt, und bereits vorhandene Defizite können nicht aufgefangen werden. Zudem wird die Kluft zwischen offenen Arbeitsstellen und Arbeitssuchenden aufgrund der mangelnden Kompatibilität immer größer.

Die Politik

Es gibt so viele Baustellen, die sich – so hofft man – mit einem neuen Gesetz aus der Welt schaffen lassen. Über mangelnde Sozialkompetenz in der Gesellschaft macht man sich wenig Sorgen, weil man vielmehr damit beschäftigt ist, die diversen Folgen dieses Mankos zu beseitigen. Grundsätzliche Arbeit an einer »Gesellschaft der Zukunft« wird dabei gerne in die nächste Wahlperiode verschoben.

Lebensbildung als Generationenvertrag

Die gesamtgesellschaftliche Lösung, die langfristig wirklich etwas bewegen könnte, besteht darin, die Lebensbildung, also die konsequente Vermittlung sozialer Fähigkeiten, zur Basis eines neuen Generationenvertrags zu erklären. Die Lebensbildung junger Menschen darf nicht mehr allein in der Kompetenz bzw. Inkompetenz von Familien liegen, sondern muss – da es sich um eine gesellschaftliche Aufgabe handelt – auf eine breite Basis der Solidarität gestellt werden.

Lebensbildung in der Familie

Die soziale Kompetenz innerhalb der Gesellschaft nimmt immer weiter ab, aber das Wenige, was noch existiert und gepflegt wird, gilt es zu bewahren. Die Politik muss entscheiden, welches

Ziel unter den sich verändernden gesellschaftlichen Bedingungen verfolgt werden soll. Ein grundlegendes Umdenken ist erforderlich, denn die finanzielle Förderung von Familien ist kein Ziel, sondern nur ein Mittel zum Zweck. Familienpolitik ist die eine Sache, die finanzielle Belastung bzw. Entlastung der Institution »Familie« eine andere. Laut Statistiken kostet die Erziehung und Bildung eines Kindes in der Familie bis zum 18. Lebensjahr so viel wie ein Einfamilienhaus.[72] Nun wissen alle Immobilienbesitzer, dass das mit einem Durchschnittseinkommen allein kaum zu stemmen ist. Also müssen beide Elternteile arbeiten und Steuern zahlen – die Entlastungen hingegen sind marginal.

Es bedarf der klaren politischen Ausrichtung auf ein gesellschaftliches Ziel, um Förderung sinnvoll umzusetzen. Da ist es nicht zu verantworten, dass Mütter, die ihre Kinder zu Hause betreuen, nur eine »Herdprämie« bekommen. Allein diese Wortwahl macht deutlich, dass die meisten Politiker und Medien nicht verstanden haben, worum es eigentlich geht. Grundlage jeglicher Maßnahme muss eine im Vorfeld breit angelegte und offen geführte Wertedebatte sein. Zudem brauchen solche Initiativen Kontinuität und Verlässlichkeit – unabhängig von Parteigrenzen. Ein Kind lässt sich nicht innerhalb einer Wahlperiode zur Sozialkompetenz erziehen!

Lebensbildung in der Schule

Neue Anforderungsprofile für Kinderbetreuungseinrichtungen und für die Schulen fehlen bislang leider, und das, obwohl die Bildungspolitik der wichtigste Hebel für die Zukunftsfähigkeit unserer Gesellschaft ist. Aus diesem Grund ist die Zusammenarbeit von Eltern, Kinderbetreuungseinrichtungen,

72 Teusen, Gertrud (2008): Das erste Kind und alles ist anders. Ein Ratgeber rund ums Elternwerden. Freiburg, S. 97.

Förderinstitutionen, Schulen und Jugendhilfeorganisationen sehr wichtig – nicht nur zum Wohle der Kinder, sondern zum Wohle aller. Ohne Zweifel muss dabei auch die Bildungs- und Erziehungskompetenz der Eltern, insbesondere der »bildungsfernen« Schichten, verstärkt werden. Unsere Gesellschaft kann es sich nicht leisten, auch nur ein Kind zurückzulassen, selbst wenn dies bedeutet, in die Erziehungshoheit der Eltern einzugreifen.

Es wäre schon ein Anfang, wenn man anlässlich der periodisch wiederkehrenden Bildungsdiskussion einmal andere Fragen stellen würde als die üblichen, die sich zumeist nur auf die von PISA abgefragten Kompetenzen beziehen. Zum Beispiel: Wann und wie lernt ein Schüler besser? Wann akzeptiert ein Schüler Autorität? Wann bewältigt ein Schüler adäquat Konflikte mit seinen Mitschülern? Die Antwort lautet immer: wenn er mit sich selbst und seinem Umfeld gut zurechtkommt.

Kommt ein Schüler mit sich und seinem Umfeld nur schwer zurecht, so äußert sich dies in den meisten Fällen in der mangelnden Anerkennung von Autoritäten und in der ständigen Auseinandersetzung mit seinem Umfeld. Diese Kinder lassen sich nach meiner Erfahrung nur schwer für etwas begeistern, sind schnell abgelenkt und können ihre Anliegen nicht gut kommunizieren. Betrachtet man das Problem einmal aus dieser Perspektive, dann sind schlechte PISA-Ergebnisse nur eine logische Folgeerscheinung eines grundsätzlicheren Defizits.

Eine schöne Weisheit besagt: »Schulen sind für Kinder da – nicht umgekehrt.«[73] Die in Österreich und Deutschland praktizierte Schulpädagogik ist nicht darauf ausgerichtet, individuelle Begabungen und Talente zu fördern, sondern vielmehr, diese zu unterbinden. Hinzu kommt, dass das System Schüler als Angehörige getrennter, sozialer Schichten formt und prägt und somit

73 http://www.eine-schule-fuer-alle.info/sieben-gruende/, 09. 12. 2011.

Vorurteile, Sprachlosigkeit und soziale Ignoranz und Inkompetenz fördert.

Die Schule wird sozial kompetent

Schule fürs Leben – wäre das nicht eine schöne Aussicht? Die Grundlage für private Zufriedenheit und beruflichen Erfolg muss meines Erachtens bereits in den Schulen verankert sein. Aus diesem Grund habe ich das Programm *Tools for Life* entwickelt, das seit Herbst 2009 in mehreren österreichischen Schulen mit Unterstützung der Österreichischen Wirtschaftskammer getestet wurde. Das Ziel ist es, Jugendlichen zu ermöglichen, mit sich und ihrer Umwelt besser und konfliktfreier zurechtzukommen. »Gerade im Schulbereich wird immer häufiger beklagt, dass mangelnde soziale Kompetenz zu hohen Gewaltbereitschaften und genereller Unzufriedenheit der Jugendlichen führt«, berichtet der Leiter der Bildungspolitischen Abteilung der Wirtschaftskammer Österreich (WKÖ), Michael Landertshammer.[74] Mit Hilfe meines Programms werden den teilnehmenden Schülern die sogenannten Soft Facts Kommunikation, Eigen- und Fremdmotivation und Mentalkraft vermittelt. Denn: Je besser jemand mit sich selbst zurechtkommt, desto zufriedener fühlt er sich. Je besser jemand mit seinem Umfeld zurechtkommt, desto erfolgreicher wird er. Die gezielten Lerninhalte der Workshops dienen vor allem dazu, die Konzentration, Kommunikation und Teamfähigkeit der Schüler zu verbessern. Dabei lernen sie konkret, Routineabläufe im täglichen Leben zu hinterfragen und den Blick für Neues zu öffnen. Aktivitätenlisten für jeden Tag helfen bei der Orientierung und Umsetzung und fördern das

74 http://portal.wko.at/wk/format_detail.wk?AngID=1&StID=425423&-DstID=6745.

Bewusstsein für Zeit- und Ressourcenmanagement. Außerdem erhalten die Schüler wertvolle Tools, mit denen man am Abend den Tag Revue passieren lassen und für sich herausfinden kann, was gut war und was weniger gut gelaufen ist. Das stärkt die Eigenwahrnehmung. Mittlerweile haben über 2000 Azubis an dem Programm teilgenommen.

Die Evaluierungsergebnisse der begleitenden Studie, die von WKÖ und namhaften Unternehmen durchgeführt wurde, waren vielversprechend: Lehrkräfte berichteten von besseren Leistungen, gestärktem Selbstvertrauen und vermindertem Aggressionspotential der Schüler. Zudem resultierten aus diesem Programm an zwei Schulen die besten Abschlussjahrgänge seit Langem.

Das Modellprojekt macht deutlich, wie wichtig es ist, dass die gezielte Vermittlung von Sozialkompetenz an die Schulen zurückkehrt. In unzähligen Gesprächen mit Kultus- und Bildungsministern habe ich jedoch immer wieder drei Argumente gehört, warum Sozialkompetenz nicht als Unterrichtsgegenstand an die Schulen gelangen kann:

1. Es gibt kein Geld für zusätzliche Lehrer.
2. Es gibt keinen Freiraum in den Stundenplänen für ein zusätzliches Fach.
3. Die Ausbildung der Lehrer im Fach Sozialkompetenz wäre zu aufwendig.

Alle drei Argumente sind leicht zu entkräften: Es brauchen lediglich entsprechende Unterrichtsmaterialien für alle Lehrer entwickelt zu werden, zusätzlich bekommt jeder Lehrer spezielle Unterlagen für seinen Unterrichtsgegenstand bzw. seinen Fachbereich, damit er in seinem Unterricht zusätzlich zum Fachwissen auch Sozialkompetenz vermitteln kann.

Zwei Beispiele: Ein Mathematiklehrer unterteilt seine Schüler in verschiedene Gruppen und lässt sie gemeinsam eine Aufgabe lösen. Zusätzlich dazu dürfen während der Lösung der Rechenaufgabe weder der Lehrer noch die Schüler die Worte »falsch«, »Fehler« und »nicht« verwenden. Dadurch sind Schüler und Lehrer gezwungen, rein konstruktiv und positiv miteinander zu kommunizieren.

Oder: Sehr viele Menschen haben Angst, vor einer größeren Gruppe Menschen frei zu sprechen. Diese Angst hat ihre Wurzeln oft im Deutschunterricht oder in anderen Fächern, in denen mündliches Vortragen verlangt wird. Stellen Sie sich nun vor, es gäbe einen Deutschlehrer, der nicht nur den Inhalt des Referats und den fehlerfreien Vortrag bewertet, sondern mit dem Schüler vor allem trainiert, seine Wirkung auf das Publikum, seine Ausstrahlung und seine Fähigkeit, diese selbst zu steuern, zu verbessern. Zuvor hat der Fachlehrer anhand geeigneter Lehrunterlagen gelernt, wie man einen Schüler bei solchen Gelegenheiten gezielt in seinem Selbstbewusstsein stärkt, seinen Redefluss begünstigt und eine positive Interaktion mit der Klassengemeinschaft fördert.

Wie in diesen Beispielen kann fachindividuell das brachliegende Potential an zusätzlichen Fertigkeiten ausgeschöpft und trainiert werden. Damit ist jeder Lehrer in der Lage, in seinem Unterricht soziale Kompetenzen mit einzuflechten. Die Sozialkompetenz als reinen Unterrichtsgegenstand einzuführen hätte hingegen wenig Sinn, da sie von Erfahrung und fortwährender, nachhaltiger Entwicklung lebt.

So leicht das nun klingt, so schwierig wird die Umsetzung sein, denn die heute praktizierte Lehrhaltung ist eher negativ und von Kritik geprägt. Der Schlüssel liegt im respektvollen Umgang miteinander – sowohl vom Lehrer gegenüber dem Schüler als auch umgekehrt.

Damit würden wir erreichen, dass man weder eine einzige zusätzliche Unterrichtsstunde vorsehen noch zusätzliche Lehrkräfte einstellen müsste. Die Vermittlung von Sozialkompetenz könnte flächendeckend in den Schulen wiederbelebt und etabliert werden. Und das ohne jegliche Mehrbelastung. Hierfür braucht es mutige Lehrkräfte, die in der Lage sind, sich gegen Konventionen zu stellen, und genügend Engagement aufbringen, denn die neuen Lehrmaterialien müssen erarbeitet und beherrscht werden, bevor sie zum Einsatz kommen. Gelingt dies jedoch, findet auch eine Entwicklung von unten nach oben statt, da auch die Lehrer sich durch dieses Programm weiterentwickeln und die eigenen sozialen Fähigkeiten stärken. Damit profitieren beide Seiten.

Und es wäre einfacher, wenn man zudem …

… eine Regelung einführte, der zufolge jeder Hochschulabsolvent, der ein Lehramt anstrebt, eine praxisorientierte Abschlussarbeit abzulegen hat, die seine sozialen Kompetenzen belegt. Kann er diesen Nachweis nicht führen, bekommt er kein Abschlusszertifikat.

… ein Bonussystem in den Führungsetagen großer Unternehmen einführte, das Prämien nicht mehr an die erzielten Unternehmensgewinne koppelt, sondern bestimmt, dass sich diese Gratifikationen am Zufriedenheitsindex der Mitarbeiter orientieren. Wer Prämien dafür erhält, dass die Mitarbeiter sich im Unternehmen wohlfühlen, wird sich auch künftig um die Zufriedenheit der Mitarbeiter kümmern.

… einen zweifellos sehr umstrittenen Lösungsansatz in Erwägung zöge: Für so vieles, was erwachsene Menschen tun, benötigen sie einen Befähigungsnachweis. Selbst für den Hundekauf ist solch ein »Führerschein« im Gespräch. Da stellt sich die Frage, ob man Eltern nicht durch ein geeignetes Anreizsystem dazu verleiten sollte, einen Befähigungsnachweis für die Erziehung von Kindern zu erwerben. Eine Eltern-Ausbildung noch vor der Ankunft des Kindes könnte viele Probleme von vornherein ausschließen.

… die Bildungsanbieter auf dem freien Bildungsmarkt stärker

in die Pflicht nähme, das heißt, Bildungsangebote dann stärker gefördert würden, wenn sie Sozialkompetenz (mit-)vermitteln. Bestimmte Förderungen könnten beispielsweise an bestimmte Bildungsangebote wie Kommunikationsseminare, Stress- und Konfliktbewältigungskurse oder Teambildungsseminare geknüpft sein und so eine größere Angebotsvielfalt erzwingen.

... integrierende Maßnahmen stärker im Alltag umsetzen würde. Es wäre doch ein Leichtes, sowohl in den Kinderbetreuungseinrichtungen als auch in den Schulen und bei Jugendangeboten stärker als bisher darauf zu achten, dass keine Gruppe ausgeschlossen wird. Das ist auch in der Arbeitswelt möglich. Überall sollte es möglichst bunt gemischte Gruppen geben, die sich gegenseitig mehr Respekt und Toleranz abfordern. Die Gesellschaft muss mehr in ihre Vielfalt investieren. Ziel wäre es hierbei, eine Gesellschaft zu schaffen, in der alle Mitglieder und Teilnehmer die Möglichkeit haben, soziale Kompetenzen in der täglichen Selbsterfahrung zu erlernen und zu verbessern.

... sich zu einer staatlichen Förderung von Mehrgenerationenhäusern entschließen könnte. Das bedeutet, dass man Wohnkonzepte gezielt fördert, in denen mindestens drei Generationen unter einem Dach leben. Da Mehrgenerationenhäuser einen Teil der Aufgaben übernähmen, die derzeit von Pflegeheimen und der mobilen Altenbetreuung erfüllt werden, würden bei einem Erfolg dieser Kampagne entsprechende Fördergelder frei.

Frauenquote – gelebte Sozialkompetenz im Beruf?

Wenn wir unterstellen, dass Frauen von Natur aus mehr soziale Kompetenz besitzen als Männer, dann wäre es von Vorteil, wenn sie über eine gelebte Frauenquote in die Vorstände und damit in die Entscheidungspositionen unserer Unternehmen und Konzerne kämen. Auf diese Weise gelänge es, diese Fähigkeiten auch im Berufsleben weiterzugeben.

Die Realität sieht jedoch anders aus: Für die Positionen im Management und in den Vorstandsetagen gibt es weniger weibliche als männliche Bewerber. Das ergibt sich schon daraus, dass prozentual weniger Frauen ein entsprechendes Studium, beispielsweise BWL, absolvieren.

Natürlich gibt es viele Frauen, die Karriere machen und bis ins Management aufsteigen könnten, doch viele von ihnen unterbrechen ihre berufliche Laufbahn, weil sie eine Familie gründen wollen. Das bedeutet, dass zu dem Zeitpunkt, an dem über die Besetzung einer Top-Position entschieden wird, zumeist viel weniger Frauen verfügbar sind.

Was in Bezug auf die Sozialkompetenz aber noch viel schlimmer ist: Ein Großteil jener Frauen, die es bis an die Spitze schaffen, sind systembedingt gerade diejenigen Frauen, die sich den Männern am ehesten angepasst haben – zum Beispiel hinsichtlich der Art ihrer Tätigkeit, ihrer Verhaltensmuster und ihrer Denkstrukturen. Und weil das so ist, erhält auch hier der Fehler das System. Frauen, die in Führungspositionen kommen, sind meistens nicht diejenigen, die ihre sozialen Fähigkeiten leben und zu deren Weitergabe beitragen. Eine Frauenquote macht dann Sinn, wenn sie von begleitenden Maßnahmen flankiert wird. Die Jobbeschreibungen der Führungspositionen sollten eindeutig soziale Kompetenzen beinhalten. Würden beispielsweise Kommunikationsfähigkeit, Konfliktlösungspotential und Teamfähigkeit nicht als bloße Worthülsen in Stellenausschreibungen verwendet, sondern müssten sie als Qualifikation nachgewiesen werden, täten sich manche Bewerber schwer. Weibliche Bewerberinnen wären dann, wenn es darum geht, den praktischen Beweis für das Vorliegen sozialer Kompetenzen anzutreten, weit besser qualifiziert und könnten erfolgreicher sein.

Vielfalt statt Einfalt

Zum Ende dieses Kapitels wird deutlich, dass gesamtgesellschaftliche Lösungen zwar einfach erscheinen, die Umsetzung auf breiter Basis sich jedoch schwierig gestaltet. Einen Königsweg gibt es nicht. Viel wäre bereits gewonnen, wenn sich überhaupt etwas bewegt. Erfreulicherweise mehren sich die Stimmen, die dazu auffordern, die Verantwortung für die Zukunft auf eine breite gesellschaftliche Basis zu stellen. Eine Gesellschaft hat die Verpflichtung, ihre Ressourcen generationsüberschreitend und gleichwertig zu prüfen.

Als sich unsere auf Solidarität angelegten Sozialsysteme etablierten, lag die durchschnittliche Lebenserwartung bei Mitte siebzig, was einer Rentenbezugszeit von zehn bis maximal fünfzehn Jahren entsprach. Mittlerweile erfreuen sich Rentner besserer Gesundheit und einer längeren Lebensdauer. Angesichts dieser Tatsache ist es unlogisch, dass bereits 50-jährige Arbeitnehmer und deren Potential von der Wirtschaft ignoriert werden. Die Bertelsmann Stiftung hielt in ihrer Studie »Demographischer Wandel« bereits 2006 fest: »Wenn überkommene Altersbilder einen Zustand zementieren, in dem der Kalender und nicht die Fähigkeiten des Einzelnen über seine Beteiligung an Gesellschaft und Wertschöpfung entscheiden, bleiben Potentiale ungenutzt.«[75] Und der ehemalige deutsche Bundespräsident Köhler sagte in einer Rede 2005: »Ich bin mir sicher: Man kann auch im Alter offen für Neues und Kreatives sein. Erfahrung und Umsicht der Älteren sind in vielen Zusammenhängen wichtig. Ich möchte sogar darüber hinausgehen: Vielleicht werden sie

75 Meier, Johannes; Esche, Andreas (2006): »Wir brauchen Perspektiven für die nächste Generation. Ein Panorama des demographischen Wandels in Deutschland.« In: Bertelsmann Stiftung (Hrsg.): Demographischer Wandel, in: Forum. Das Magazin der Bertelsmann Stiftung (1/2006). Gütersloh, S. 5.

sogar immer wichtiger. Wir müssen das, was die Älteren – in der Sprache der Ökonomen – »akkumuliert« haben, verfügbar machen für die Jüngeren, gerade in einer Phase der Entwicklung unserer Gesellschaft, in der wir viele Anpassungen und Veränderungen zu bewältigen haben.«[76] Im schon zitierten *stern*-Interview regt Richard David Precht an, ein soziales Pflichtjahr für Senioren einzuführen: »Moral entsteht durch Ansteckung.«[77] Vielleicht ist es so, dass wir die Generation, die vermutlich noch Sozialkompetenz in der Familie erworben hat, verpflichtend heranziehen müssen. Doch leider dürften Politiker, Wirtschaftsverantwortliche, Lehrer, Pädagogen und die weiteren für die Entwicklung der Gesellschaft verantwortlichen Personen wenig Lust verspüren, tatsächlich in solche alternativen Richtungen umzudenken. Zu besorgt ist man um Wahlerfolge, zu groß ist die Angst vor der Verantwortung und den möglichen Konsequenzen solcher Maßnahmen. Darum muss jeder Einzelne handeln und sich Gedanken machen, welche Folgen es für ihn hätte, wenn diese Gesellschaft zerbricht.

---

76 Rede von Bundespräsident Horst Köhler auf dem Kongress »Demographischer Wandel« vom 26. 12. 2005, in: http://www.bundespraesident.de/SharedDocs/Reden/DE/Horst-Koehler/Reden/2005/12/20051206_Rede.html.

77 Stern: Was im Leben zählt (48/2011).

KAPITEL 5

SOZIALKOMPETENZ IST GEFRAGT!

Es ist ernüchternd festzustellen, dass der Staat und explizit die Schulen künftig nicht mehr in der Lage sein werden, die Vermittlung sozialer Kompetenzen zu bewerkstelligen. Wenn man ehrlich ist, muss man feststellen, dass diese Instanzen dieser Aufgabe schon heute nicht mehr in der erforderlichen Qualität gerecht werden. Das System ist nicht geeignet, wieder mehr soziale Fähigkeiten in die Gesellschaft einzubringen. In der Konsequenz wird es daher bei jedem Menschen selbst liegen, sich vor den Folgen der bevorstehenden gesellschaftlichen Krise zu schützen.

Was geht mich das an?

Die einzige Möglichkeit, sowohl mit der aktuellen Situation besser zurechtzukommen als auch für die unvermeidlichen gesellschaftlichen Konflikte der Zukunft gewappnet zu sein, ist, seine Sozialkompetenz zu stärken. Zugegebenermaßen ist dies jedoch einfacher gesagt als getan.

Es könnte natürlich sein, dass Sie glauben, es betreffe Sie nicht mehr. Doch das stimmt leider nicht, denn Sie gehören nicht automatisch zu den Gewinnern, nur weil Sie, wenn es so weit ist, der bestimmenden Generation 50 plus angehören werden.

Hohe fachliche Qualifikation, ein beeindruckender Lebenslauf, ein gut gefülltes Konto – das wird Ihnen plötzlich nichts mehr nutzen, da sich die Parameter verändert haben. Sowohl Ihr

Status als auch Ihre finanziellen Möglichkeiten wirken auf die erboste junge Generation eher noch als zusätzliche Reizfaktoren. Wenn dies passiert, helfen Ihnen darum nur soziale Fähigkeiten. Punktgenaue Selbstkenntnis, jederzeit abrufbare Eigensteuerung und bewusst einsetzbare Steuerung des Umfelds ermöglichen es Ihnen dann, mit den neuen Herausforderungen und der schwierigen Situation zurechtzukommen. Auch Ihre Kinder und Enkel werden in großem Maße von Ihren Fähigkeiten profitieren.

Auch an andere denken!

Das sind große Worte, aber wie soll das in der Praxis funktionieren? Wenn man Schritt für Schritt vorgeht, ist diese Aufgabe einfacher zu bewältigen. Nehmen wir beispielsweise die oft zu beobachtende egozentrische, sich gegen andere Meinungen und Bedürfnisse abschottende Sichtweise der Welt. Eine Ursache dafür liegt in der mangelnden Kommunikationsfähigkeit. Das Rezept: Reden Sie! Zeigen Sie am eigenen Beispiel, dass Kommunikation möglich ist – und zwar in jeder Situation und zu jedem Thema. Das erfordert Mut und Geschick, Ideen und Phantasie. Auch Provokation und Konflikt sind erlaubt – und verbale Auseinandersetzung. Dazu ist es jedoch notwendig, Position zu beziehen; man muss sich zuwenden statt abwenden, ansprechen statt weghören. Das Wichtigste ist, die Mauer des Schweigens zu durchbrechen und die anderen, wie zum Beispiel Ihre Kinder, Enkel und Partner, nicht im Kokon der eigenen Gedanken allein zu lassen. Machen Sie sich frei von dem Impuls, lieber den Mund zu halten, als etwas Falsches zu sagen.

Menschen, die noch ein Mindestmaß an sozialer Kompetenz besitzen, übernehmen die Vorbildfunktion. Was für ein altmodisches Wort! Aber kein anderes trifft es besser. Rolemodels sind in dieser Situation überflüssig, da sie nicht zur Nachahmung dienlich sind. Vorbilder im klassischen Sinn fordern Respekt ein und genau das ist es, was dem Handeln Gewicht gibt. »Schaut her, es geht auch anders!« Es muss der feste Glaube entstehen, dass soziales Denken weder altmodisch noch unattraktiv ist.

Sie können sich gegen die aufwallende Krise stellen. Und wenn nicht das, so bleibt zumindest die Chance, wenigstens einigen wenigen Menschen eine Perspektive für die Zukunft aufzuzeigen. Eine Erfolgsgarantie gibt es hierfür nicht. Wer aber nicht einmal versucht, etwas besser zu machen, der hat eigentlich schon verloren. Die wichtigste Aufgabe ist es, soziales Denken an Kinder und Enkel weiterzugeben –, und zwar dort, wo Staat und Schule nicht mehr in der Lage sind, Talente zu fördern und Charaktere zu bilden. Hier bleibt nur die private Initiative.

Täglich grüßt das Murmeltier

Lassen Sie uns noch mal auf eine kleine Zeitreise gehen: Stellen Sie sich vor, Sie könnten die Lebensuhr um zehn Jahre zurückdrehen und hätten die Chance, Ihr Leben mit Ihrem heutigen Wissen und Ihren bisherigen Erfahrungen noch einmal zu leben. Was meinen Sie: Wären Sie dann heute glücklicher, zufriedener, erfolgreicher?

Wenn ich diese Frage bei meinen Vorträgen stelle, sind sich die meisten Menschen ganz sicher, dass sie in der Lage wären, ihr Leben besser zu meistern, Probleme geschickter zu lösen. Doch so funktioniert es nicht. Ich muss sie enttäuschen. Und das ist auch gut so, denn die Ent-täuschung ist ja bekanntlich das Ende der Täuschung und somit der Anfang des Wahrhaftigen. Fest steht: Ihr Leben würde unter dem Strich genau das gleiche bleiben. Zwar würden Sie Menschen, mit denen es Probleme gab, meiden, dafür aber wahrscheinlich andere Menschen treffen und von diesen enttäuscht werden. Auch Geschäfte, mit denen Sie Verluste erlitten haben, würden Sie nicht mehr abschließen, aber dafür wahrscheinlich bei anderen Geschäften nicht auf ihre

Kosten kommen. In der Summe wären Sie nach diesen zehn wiederholten Jahren genauso zufrieden oder unzufrieden bzw. genauso erfolgreich oder erfolglos, wie Sie es jetzt gerade sind. Aber warum eigentlich? Ganz einfach, weil Sie immer noch der- oder dieselbe wären, der/die Sie jetzt sind.

Zeichen für Veränderung setzen

Menschen entwickeln für alles, was sie tun, unablässig Gewohnheiten und Muster. Diese Muster, zum Beispiel was wir essen, wo wir schlafen, was wir denken, worüber wir sprechen oder was wir begehren oder hassen, bestimmen unser Leben. Sogar für den Umgang mit unseren Gefühlen haben wir ein Schema festgelegt. Je länger wir uns nach Maßgabe dieses »Schema F« verhalten, desto unüberlegter setzen wir diese Verhaltensmuster ein. Diese geistigen Muster haben wir so stark verinnerlicht, dass wir irgendwann gar nicht mehr ohne sie auskommen. Ob Erfolg oder Misserfolg, glückliche Partnerschaft oder fatale Beziehung – wir können nicht raus aus unserer Haut. Deshalb versuchen wir immer wieder aufs Neue und nach dem gleichen Schema, dem Lauf der Dinge eine andere Richtung zu geben. Aber das funktioniert nicht. Auf diese Art und Weise werden wir immer wieder mit der gleichen Art von Problemen zu kämpfen haben.

Warum ist es so schwer, den Schalter umzulegen? Weil alles, was wir anders machen, als wir es gewohnt sind, Kraft und Energie kostet. Und da wir diese schon für die normale Alltagsbewältigung brauchen, haben wir zu wenig Energie »frei«, um grundsätzliche Veränderungen in Angriff zu nehmen.

Der Gehirnforscher Paul D. MacLean[78] hat herausgefunden, dass unser Verhalten zu einem großen Teil von unserem Stammhirn gesteuert wird. Das Schlüsselwort, das die Organisation von

---

78 MacLean, Paul D. (1974): Triune Conception of the Brain and Behaviour. Toronto.

Energie in unserem Stammhirn am besten charakterisiert, heißt »Muster«. Neurowissenschaftler vermuten, dass solche Muster gerade wegen ihrer Funktion als Mechanismus zur Einsparung geistiger Energie so schwer zu verändern sind – was auch erklären würde, warum Verhaltensänderungen so schwerfallen. Unser Verhaltensgedächtnis codiert Erfahrungen als Muster mit dem Ziel, sie in ähnlichen Zusammenhängen wieder abrufen zu können. Heute weiß man auch, dass einmal gefestigte Muster im Gehirn gespeichert bleiben. Sie werden nie gelöscht, können aber durch neue Muster überlagert werden.

Wer jetzt erkannt hat, dass er sein Verhalten nur bedingt steuern kann, wird sich fragen, wie es ihm gelingen kann, alte Muster durch neue Strukturen zu überlagern. Die Antwort nach MacLean lautet: indem wir uns dessen bewusst sind und die Kontrolle über die Muster übernehmen, die unser Verhalten bilden.

Mit diesem Wissen werden Sie nie mehr über Ihr Verhalten im Allgemeinen, sondern nur noch über Ihr Verhalten in Bezug auf einen bestimmten Sachverhalt nachdenken. Unser Verhalten hängt nämlich nur zu einem geringen Teil von unseren Zielen und unserer Motivation ab, zu einem Großteil wird es durch die uns regelmäßig nicht bewussten Muster unseres Stammhirns bestimmt.

Ein Beispiel: Sie kennen wahrscheinlich diese Menschen, die immer wieder mit der gleichen Euphorie eine neue Partnerschaft beginnen, die dann immer wieder scheitert, weil der neue Partner im Grunde genauso ist wie der alte – der gleiche Typ Mensch, nur in einem anderen Gewand. Das ganze Umfeld stellt sich die Frage: »Wann lernt er/sie es?« Die Antwort ist leider: nie. Solange die eigene Persönlichkeit unverändert bleibt, werden diese Leute immer wieder den gleichen Typ Mensch anziehen, sich mit ihm einlassen, ihn zu ändern versuchen und schlussendlich scheitern.

Was Sie heute sind, werden Sie bleiben!

Das beschriebene Schema lässt sich auf alles übertragen, was das Leben ausmacht und bestimmt: Solange Ihre Persönlichkeit so bleibt, wie sie gerade ist, wird sich auch Ihr Leben nicht verändern. Völlig wertfrei! Es gilt die Formel: Was Sie heute sind, werden Sie bleiben. Wie es Ihnen heute geht – ganz gleich, ob Sie zufrieden oder unzufrieden sind, ob Sie erfolgreich oder erfolglos durchs Leben gehen –, ist das Ergebnis Ihrer bisherigen Persönlichkeitsentwicklung und der erlernten Muster. Das ist die gute und schlechte Nachricht zugleich.

Der Schlüssel zu Ihrer eigenen Persönlichkeit liegt in Ihnen selbst, Veränderung ist möglich, wenn man an sich »arbeitet«. Das teuflische Wort in diesem Satz? Arbeiten. Einmal ein Seminar zu buchen, einen Vortrag anzuhören, einen Workshop zu besuchen oder ein Buch zu lesen – dadurch entwickelt bzw. verändert sich nichts. Persönlichkeit kann man sich nicht kaufen, man muss sie sich selbst erarbeiten. Dazu bedarf es Mut, Ausdauer, Kraft und den Willen, sich mit sich selbst auseinanderzusetzen.

Geld, Zeit, Nerven

Die eigene Sozialkompetenz zu verstärken kostet Zeit, Geld und Nerven:

Zeit, weil es gilt, Erkenntnisse zu sammeln, Erfahrungen zu machen, Feedback aus dem eigenen Umfeld zu sammeln, äußere und innere Reaktionen abzugleichen. Und dann, nur dann, werden sich daraus auf die Dauer neue Denk- und Verhaltensmuster entwickeln.

Geld wird es kosten, weil Ihnen dabei niemand ohne Entgelt für seine Leistung zur Seite stehen wird. Kein Buch wird helfen, ohne dass Sie es erwerben, kein Coaching oder Training wird Sie weiterbringen, ohne einen gewissen Obolus im Gegenzug entrichtet zu haben.

Und *Nerven*, weil man gerade in der Entwicklung der sozialen Kompetenz auf sehr viele Dinge stößt, die man für sich selbst nie als relevant angesehen hat. Sie werden in Ihre persönlichen Abgründe schauen und erkennen, wie es wirklich um Ihre sozialen Kompetenzen bestellt ist. Und in der Konsequenz erkennen, wie wichtig es ist, nachzubessern.

Raus aus der Komfortzone

Als Komfortzone bezeichne ich all das, was wir können und kennen. Um diese unsichtbare Grenze zu überwinden, gilt es zunächst den Begriff zu verstehen und zu verinnerlichen. Die Komfortzone unterteilt sich in vier Bereiche: den personellen, den beruflichen, den geistigen und den geographischen Bereich.

Die personelle Komfortzone stellt beispielsweise die Familie. Selbst wenn man sich »zu Hause« nicht immer wohl fühlt, so ist man dort doch von Menschen umgeben, denen man vertraut ist. Man befindet sich also innerhalb der Familie personell in der Komfortzone.

Die tätigkeitsbezogene bzw. berufliche Komfortzone lässt sich folgendermaßen definieren: Wenn man etwas tut, was man immer schon getan hat, bewegt man sich in Bezug auf diese Tätigkeit innerhalb, bei einer neuen Aufgabe oder neuen Herausforderung außerhalb der Komfortzone.

Die geistige Komfortzone kann man sich folgendermaßen vorstellen: Jemand liest mit Begeisterung Asterix-Hefte. Hierbei bleibt er innerhalb seiner geistigen Komfortzone. Sollte sich diese Person jedoch entschließen, ein etymologisches Wörterbuch auswendig zu lernen, dann wird sie vermutlich ihre geistige Komfortzone verlassen.

Die geographische Komfortzone liegt dort, wo man sich schon immer aufgehalten hat, zum Beispiel im eigenen Haus oder im

Stammlokal. Alle Plätze, Orte, Länder, die man noch nie aufgesucht hat, liegen außerhalb der geographischen Komfortzone.

Und nun meine Frage: Wo hält sich ein Mensch Ihrer Meinung nach am liebsten auf? Die wertungsfreie Antwort liegt auf der Hand: Die meisten Menschen halten sich vorzugsweise innerhalb ihrer Komfortzone auf.

Weil es komfortabel ist …

Der Grund dafür, dass viele Menschen über sehr lange Zeit immer wieder in ein und dasselbe Stammlokal gehen, obwohl das Essen nicht mehr schmeckt und sie die Leute nicht mehr sehen wollen, lautet: weil es bequem ist. Sie gehen immer wieder hin, weil es ihre geographische Komfortzone ist.

In mancher Hinsicht besitzt der Mensch ähnliche Instinkte wie ein Schaf: Beide sind Herdentiere, sie können nur zusammen mit ihrer Herde überleben. Dafür werden auch Einschränkungen in Kauf genommen. Schafe sind beispielsweise nicht besonders mutig. Das müssen sie auch nicht, denn die Herde schützt das einzelne Tier. Bei manchen Menschen tritt dieses Verhalten ebenfalls verstärkt zutage, da es dem Ausleben eines Urinstinktes entspricht. Ein anderer Urinstinkt des Schafes lautet: »Tue nur das, was du kannst.« Sehr sinnvoll, denn wenn ein Schaf plötzlich eine Gämse oder eine Schwalbe sein möchte, könnte das tödlich enden. Bei einem Menschen hat dieser Urinstinkt gerade in der heutigen Zeit an Bedeutung verloren. Darum lautet die dümmste Ausrede, die man hört, wenn es um eine neue Aufgabe geht: »Das kann ich nicht!«

Das Schaf ist nur ein Beispiel für ein Herdentier, ebenso wie der Mensch. Denn auch der Mensch konnte sich in früherer Zeit ausschließlich in einer Gruppe »Gleichgesinnter« entwickeln und in der Natur überleben. Aus diesem Grund hat er von Natur aus Instinkte mitbekommen, die ihn dazu veranlassen, die Herde nicht zu verlassen, also in seiner Komfortzone zu bleiben.

Es liegt mir fern, Menschen intellektuell mit Schafen gleichzusetzen. Das Schaf muss seinen Instinkten folgen und in der Herde bleiben, weil es nur dort sicher ist. Menschen hingegen brauchen sich nicht mehr allein auf ihre Urinstinkte zu verlassen.

Wenn wir uns tatsächlich in unserer sozialen Kompetenz weiterentwickeln wollen, dann geht das nur außerhalb unserer Komfortzone. Das heißt, wir müssen auf Menschen so zugehen, wie wir es noch nie zuvor getan haben. Wir müssen uns geistig mit Dingen beschäftigen, an die wir uns noch nie herangetraut haben. Und wir müssen den Mut finden, Dinge auf eine Art und Weise zu tun, wie wir sie noch nie getan haben. Sagen jetzt Sie bitte nicht: »Ich beginne geograpfisch und fliege in den Urlaub. Und zwar dorthin, wo ich noch nie war!« Das wäre zu einfach. Tun Sie vielmehr bewusst etwas, was Sie ein wenig Überwindung kostet. Gehen Sie in ein neues Lokal, erkunden Sie ihre Umgebung nach bislang unbekannten Orten. Suchen Sie von sich aus Kontakt zu anderen Menschen. Eignen Sie sich eine neue Fertigkeit, ein neues Hobby, neues Wissen gezielt an. Entscheidend ist, dass Sie dabei Ihre Komfortzone verlassen. Denn nur außerhalb der Komfortzone ist Persönlichkeitsentwicklung möglich.

Jede Reise beginnt mit einem ersten Schritt

Was wird passieren, wenn Sie Ihre Komfortzone verlassen? Es ist auf alle Fälle ein aufregender Gedanke, einen Aufbruch zu wagen, und einer, der von vielen Fragen und Ängsten begleitet sein wird. Wie fühlt es sich an, etwas völlig Neues, Ungewohntes zu tun? Wird das Begeisterungsstürme auslösen? Nein! Zunächst nicht. Da muss ich Sie enttäuschen, denn wenn Sie aus Ihrer Komfortzone heraustreten, tun Sie oder denken Sie etwas, das Sie ja noch nicht kennen oder können. Sonst befänden Sie sich nicht außerhalb Ihrer Komfortzone. Das heißt, es kann gar nicht von Anfang an optimal funktionieren. Im Gegenteil, man fühlt sich sogar erst einmal ziemlich allein.

Wenn nun jemand etwas Neues tut und denkt, etwa auf Menschen zugeht und mit ihnen auf eine neue Art und Weise kommuniziert, und dabei feststellt, dass es nicht gleich funktioniert, kehrt er wie die meisten Menschen wieder zurück in seine Komfortzone und erklärt: »Ich hab's probiert, das ist nichts für mich.« Doch ich möchte Sie ermutigen: Rückschläge müssen verkraftet werden! Darum fragen Sie sich besser: Habe ich meine Komfortzone wirklich verlassen? Es lohnt sich auf jeden Fall ein zweiter Anlauf.

Unbequem statt bequem

Was sollte man also tun? Antwort: konsequent außerhalb der Komfortzone bleiben und diesen neuen Weg so lange denken, bis man ihn kennt und beherrscht. Dann wird das Neue irgendwann Teil der eigenen Komfortzone. So geschieht Weiterentwicklung. Wer diesen persönlichen Weg zielgerichtet verfolgt, vergrößert seine Komfortzone. Nur wenn Ihnen das gelingt, kann Ihre Entwicklung nachhaltig sein.

Sie werden allerdings feststellen, dass Ihr Umfeld Ihre Bestrebungen, neues Terrain zu erobern, mit Skepsis verfolgt. Die Weiterentwicklung des Einzelnen fordert automatisch das gewohnte Umfeld zu einer Veränderung heraus. Widerstände sind hierbei normal, denn Veränderungen sind in aller Regel unbequem, auf alle Fälle aber sorgen sie für Unruhe, und sie machen vielen Menschen Angst. Deshalb wird das Verlassen der Komfortzone oft als »Kampfansage« interpretiert. Doch das ist es natürlich nicht. Es bedeutet vielmehr die Aufforderung auch an andere, neue Wege zu gehen.

Wenn Sie es schaffen, Ihre Komfortzone zu verlassen und auf eine neue Art und Weise auf Herausforderungen zuzugehen und sie anzunehmen, auf Menschen zuzugehen, mit Menschen zu kommunizieren, auf eine neue Art zu denken und sich mit neuen Tätigkeiten zu befassen, dann verändert sich Ihre Persönlichkeit.

Und mit Sicherheit werden Sie feststellen, wie viele Menschen in Ihrer Umgebung versuchen, Sie zurückzuhalten. Glauben Sie mir, es werden sogar deutlich mehr sein, als Sie jetzt vermuten. Diese Leute meinen es aber nicht böse, sie haben lediglich Angst vor Veränderungen.

Es ist müßig zu beteuern, dass die Entwicklung, die Sie anstreben, keine Kriegserklärung ist. Deshalb müssen Sie die Einwände des Umfelds einfach hinnehmen.

Der Schlüssel zur Weiterentwicklung liegt in Ihrer Hand

Innerhalb der Komfortzone ist keine Weiterentwicklung möglich. Der Mensch kann innerhalb dieses »geschützten« Bereichs bestenfalls neue Facetten bereits bekannter Tätigkeiten und Denkweisen erlernen. Es entsteht zwar das Gefühl: Ich bin ja schon außerhalb der Komfortzone und habe – zur Belohnung – auch sofort kleine Erfolge erzielt. Doch diese wirken nicht nachhaltig, sie stellen keine wirkliche Entwicklungsstufe dar. Mit der echten und aufrichtigen Annahme von neuen Herausforderungen ist das Risiko des Scheiterns verbunden. Dies erfordert Mut und Stärke, vor allem wenn man weiß, dass ein Weg bevorsteht, bei dem man nicht gleich am Anfang die großen Erfolge feiern kann. Es ist dennoch der einzige Weg, etwas für sich zu bewegen.

Die meisten Menschen verbleiben ihr Leben lang in ihrer Komfortzone. Das bedeutet: In bestimmten Bereichen werden sie immer besser und festigen dadurch ihre Konditionierungen, doch sie erweitern ihre Komfortzone nicht. Genau das ist das Problem sowie der Grund dafür, dass die meisten Menschen gerne sagen: »Es soll alles so bleiben, wie es ist. Nur besser soll es werden.« Unter diesen Voraussetzungen ist das leider nicht machbar.

Wer dagegen bereit ist, sich weiterzuentwickeln, wird feststellen, dass die Komfortzone immer größer wird, weil man immer mehr kann und kennt. Man lernt auf verschiedenste

Art und Weise auf Menschen zuzugehen und kann wesentlich besser mit Menschen kommunizieren. Man beherrscht deutlich mehr Tätigkeiten und verfügt über wesentlich mehr Formen der Kommunikation. All diese Fähigkeiten sind gerade im Bereich der Sozialkompetenzen von großem Nutzen und helfen dabei, erfolgreicher zu werden.

Auch Ihr Umfeld wird sich ganz automatisch verbessern. Das bedeutet auf der einen Seite, dass Sie mit manchen Menschen weniger Kontakt haben werden, da Ihnen vielleicht aufgrund Ihrer Weiterentwicklung nun die gemeinsame Basis fehlt. Andererseits werden Sie andere Menschen treffen und mit ihnen ins Gespräch kommen. Ihre eigene Persönlichkeit, Ihre sozialen Kompetenzen sind der Schlüssel zu einem zufriedeneren, erfolgreicheren Leben. Um diesen zu erwerben, müssen Sie bereit sein, an sich zu arbeiten. Dazu gilt es Zeit, Geld und Nerven zu investieren. Sie müssen es schaffen, Ihre Komfortzone zu verlassen und neue Herausforderungen anzunehmen, auch wenn es am Anfang schwerfällt. Bemühen Sie sich konsequent, außerhalb der Komfortzone zu bleiben, bis Sie die neuen Fähigkeiten und Verhaltensweisen kennen und beherrschen. Und lassen Sie sich nicht in alte Gewohnheiten zurückziehen!

Sozialkompetenz lernen

Sozialkompetenz ist nach meiner Definition bekanntlich die Fähigkeit, mit sich und seinem Umfeld (optimal) zurechtzukommen. Je besser jemand mit sich selbst zurechtkommt, desto positiver ist seine Ausstrahlung und desto mehr innere Gelassenheit und Stärke fühlt er. Wer zudem mit seinem Umfeld gut zurechtkommt, wird weniger Konflikte haben und mehr Freunde und Gleichgesinnte finden. Es sind drei aufeinander aufbauende Schritte notwendig, um Sozialkompetenz zu optimieren: Selbstkenntnis, Eigensteuerungsfähigkeit und die Fähigkeit, das eigene Umfeld zu steuern.

Selbstkenntnis

Stellen Sie sich folgende Situation vor: Sie sitzen in einem Auto mit Navigationssystem, geben Ihr Ziel ein, der Computer fängt an zu rechnen, doch der Satellit erkennt aufgrund einer Störung nicht, wo Sie sich befinden. Auch wenn Sie also noch so sicher wissen, wohin Sie wollen, das Gerät wird Ihnen keinen Weg zu Ihrem Ziel zeigen. So geht es vielen Menschen: Sie wissen zwar genau, wohin sie wollen, haben aber keine Ahnung, wo sie stehen. Wenn Sie durch die gängige Erfolgsliteratur blättern, dann wird Ihnen dort erklärt, Sie bräuchten nur ein klares Ziel und viel Motivation. Die meisten Menschen haben jedoch die Erfahrung gemacht, dass klare Ziele und hohe Motivation allein nicht ausreichen, wenn es darum geht, das eigene Verhalten zu ändern. Da kann man seine Ziele noch so genau vor Augen haben, brav Zielcollagen und Vision-Boards kleben und jeden Abend vor dem Einschlafen visualisieren – all das nutzt nichts, wenn man den Ausgangspunkt nicht kennt.

Der philosophische Ansatz

Selbsterkenntnis ist ein Thema, mit dem sich die Philosophen und Psychologen seit jeher beschäftigt haben. Für den antiken griechischen Philosophen Sokrates bildet Selbsterkenntnis die Bedingung für Sittlichkeit;[79] in Delphi fand sich am Eingang des Apollo-Tempels die Grundformel: »Erkenne dich selbst«. Die Forderung nach Selbsterkenntnis stellt damit eine der ältesten und nach wie vor wichtigsten Forderungen der Philosophie gegenüber dem Einzelnen dar. Im Wesentlichen geht es dabei um

79 Gigon, Olof (1995): Aristoteles: Die Nikomachische Ethik. 2. Aufl., München, S. 93 f.

die »Subjekt-Objekt-Spaltung«[80], die auch in jedem Menschen vorhanden ist.

Die psychologische Sichtweise

Das »Selbst« im Sinne der freudschen Psychoanalyse wiederum beinhaltet die Vorstellungen über einen selbst sowie seine Beziehungen zur Umwelt. Selbsterkenntnis in diesem Zusammenhang meint den Wissenserwerb über die eigenen psychischen Fähigkeiten, Möglichkeiten und Realitäten. Sie bildet die Voraussetzung für die Selbstverwirklichung. Auch wenn eine Person diese Fähigkeit zur Selbsterkenntnis besitzt, heißt das nicht, dass diese auch fruchtet. Zu viele innere Widerstände versperren oftmals die Sicht, denn es könnten ja unliebsame Details bei der Betrachtung zutage treten.

Vor der Selbsterkenntnis steht die Eigenbeobachtung. Beobachtung bedeutet, wie das Wort ja schon ausdrückt, etwas mit Achtung betrachten, ohne das Beobachtete zu benennen und ohne eine gedankliche oder laut geäußerte Bewertung hinzuzufügen. Dennoch tut man dies ständig: Egal, was man hinzufügt, und sei es nur gedanklich, es beeinflusst die innere Betrachtung. Das kann eine Illusion, ein Anspruch, eine Erwartung oder eine Sehnsucht sein – all dies verfälscht die Erkenntnis, die man sucht.

Durch die Kunst der Beobachtung lernt man sein Denken kennen. Wir alle sind nicht zum produktiven Denken angeleitet worden. Uns wurde nur gesagt: Denk nach (dann bin ich hintendran und es ist schon alles vorbei), stell dir mal vor (dann bin ich in der Zukunft und bekomme Angst). Und was haben wir daraus gelernt? Be-denken kommt vor dem Denken und führt oft zur Vermeidung.

80 Vgl. dazu: Jaspers, Karl (2004): Kleine Schule des philosophischen Denkens. 13. Aufl., München.

Sich auf ehrliche Weise sich selbst zu nähern kann schmerzhaft sein. Wer sind wir wirklich und wollen wir das tatsächlich wissen? Hand aufs Herz: eigentlich nicht, denn wir haben uns prima eingerichtet in unserem Leben und mit unseren gewohnten Verhaltensmustern.

Von Erkenntnissen und Täuschungsmanövern

Das Gegenteil der Selbsterkenntnis ist die Selbsttäuschung. Es geht nicht nur darum, hinüberzuschielen auf die Gesellschaft, die Eltern, die Kirche, um herauszufinden, was sie denken oder von uns wollen, sondern in erster Linie darum, sich selbst zu fragen und in sich hineinzuhorchen, sich die Fremdbestimmung bewusst zu machen!

Treten wir also noch einmal einen Schritt zurück und versuchen durch einen neuen Blickwinkel ein besseres Bild zu bekommen: Zur Selbsterkenntnis gelangt man nur, indem man beginnt, über sich selbst nachzudenken und das Bild, das man von sich selbst hat, kritisch zu hinterfragen. Selbsterkenntnis setzt vor allem Selbstbewusstsein voraus und die Fähigkeit, sich selbst mit einer gewissen Objektivität zu beobachten. Das erfordert auch, dass wir bereit sind, das Bild, das wir von uns haben, und das, welches wir nach außen gerne vermitteln, zu überdenken und unter Umständen zu revidieren. Jetzt könnte man sich einfach zurücklehnen und sagen: Nein, das muss ja nicht sein. Ich bin eigentlich ganz zufrieden damit, wie ich bin. Diese Haltung lässt sich jedoch nicht mit dem Wunsch nach persönlichem Wachstum vereinbaren. Wer andere verstehen und mit ihnen auskommen will, der muss wissen, wo er selbst steht.

Wissen, wo man steht

Es gilt also, die eigene Person ins Zentrum der Betrachtung zu stellen, um Entwicklung überhaupt zu ermöglichen. Dies funktioniert jedoch nur, wenn ich weiß, wie meine derzeitige Persönlichkeit wirklich beschaffen ist beziehungsweise wie groß der Anteil der Selbsttäuschung. Genau das wissen die meisten Menschen leider nicht. Und daran sind wir ausnahmsweise mal nicht selbst schuld: Wir lernen von klein auf, dass wir anderen Menschen nur ein bestimmtes Bild von uns zeigen. Das ist auch völlig legitim, denn wo kämen wir denn hin, wenn wir jedem alles sagen und zeigen würden und nicht mehr diplomatisch mit unseren Gefühlen umgingen? Also legen wir uns ein »öffentliches Gesicht« zu, entsprechen damit den Erwartungen der anderen und bekommen selbst dafür meistens ein positives Feedback. Das Problem daran ist: Irgendwann glauben wir selbst, dass wir so sind, wie wir uns geben. Ab diesem Moment sind wir nicht mehr in der Lage, klar zu erkennen, wo wir mit unserer Persönlichkeit in Wahrheit stehen.

Ein chinesisches Sprichwort sagt: »Der Weg ist das Ziel!« Um sich auf den Weg zu machen, muss man jedoch erst einmal zurück zu sich selbst. Ob Erfolg im Beruf, eine glückliche Partnerschaft oder mehr soziale Kompetenz – wir verfügen über alle Mittel, das zu erreichen. Am Anfang des Weges steht die Frage »Wie bin ich wirklich?«. Und wer sich dieser Frage ernsthaft stellt, bekommt die Chance, sich selbst zu finden.

Eigensteuerung

»Selbst(er)kenntnis ist der erste Weg zur Besserung«, behauptet der Volksmund. Das ist richtig, denn wenn dieser erste Schritt getan ist, folgt der nächste fast automatisch: die Fähigkeit zur Eigensteuerung.

Der Begriff umfasst die Fähigkeit, »Herr seines Handelns« zu werden. Das bedeutet, in der Lage zu sein, selbst zu entscheiden, wie man sich beispielsweise gerade fühlt, was man denkt und wie man agiert. Das ist keineswegs selbstverständlich, zumindest dann nicht, wenn wir uns die Konsequenzen einmal ganz genau anschauen:

Ein Großteil dessen, was in unseren Köpfen vorgeht, wird dadurch in Gang gesetzt, dass andere Menschen uns manipulieren. »Manipulation« ist ein großes, hauptsächlich negativ besetztes Wort, trifft es aber ziemlich genau: Sie dient dazu, andere Menschen hinsichtlich ihres Verhaltens zu beeinflussen, um eigene Ziele zu erreichen. Es muss nicht immer eine böse Absicht dahinterstehen, manipuliert wird trotzdem. Erkennt der manipulierte Mensch, dass er nicht aus eigener Einsicht oder Überzeugung, sondern fremdbestimmt handelt, reagiert er zumeist mit starker Ablehnung: Er empfindet sich als Marionette des Manipulierenden. Das Gegenteil der Manipulation ist Überreden bzw. Überzeugen.

Freier Lauf den Emotionen?

Im Alltag sieht das dann beispielsweise so aus: Andere Menschen möchten, dass wir uns ärgern, und drücken die passenden »Knöpfe«. Dieses vorhersehbare Verhalten auf »Knopfdruck« hat seinen Ursprung in der entsprechenden Konditionierung (vgl. Kapitel 2). Unsere Konditionierung entscheidet, welchen Denk- und Verhaltensmustern wir folgen. Alles, was wir vorgelebt, gezeigt und vermittelt bekommen, speichern wir ab. Je öfter und intensiver eine bestimmte Sache abgespeichert wird, desto mehr bestimmt und beeinflusst sie unsere Denkweise und unser Verhalten.

Menschen, die uns gut kennen, wissen also, wie wir konditioniert sind, und können uns demnach leichter beeinflussen. Die gleichen Stimmungen können auch durch bestimmte Situationen hervorgerufen werden: Die eine macht uns traurig, die andere unsicher oder nervös. Wir reagieren schlichtweg, wie wir immer reagieren, und denken gar nicht groß darüber nach. Damit bestimmen wir im Regelfall nicht mehr selbst darüber, wie wir uns fühlen und verhalten. Wir sind »Opfer« unserer Konditionierungen und Erfahrungen, die uns vorgeben, wie wir in einer Situation reagieren oder welche Denk- und Verhaltensmuster abgerufen werden. Genau das muss sich ändern!

Gefühle beherrschen lernen

Die Fähigkeit der Selbststeuerung bedeutet, dass Sie sich in jeder Situation bewusst kontrollieren und steuern können. Wenn Sie beispielsweise in einer schwierigen Situation stecken und spüren, dass Sie nervös werden, können Sie sich selbst gezielt in einen Zustand innerer Ruhe versetzen. Wenn Sie in einer Situation sind, in der Sie über positive Ausstrahlung verfügen möchten, können Sie diese selbst herbeiführen. Wenn Sie Angst empfinden, Ihnen diese Emotion aber in diesem Moment nicht dienlich ist, sind Sie in der Lage, Ihre Angst zu beherrschen.

Diese Form der Eigensteuerung ist gerade dann wichtig, wenn es sich um starke Emotionen handelt, die sich verselbstständigen können und damit das Gesicht Ihrer Persönlichkeit gegenüber anderen Menschen prägen.

Ein schönes Beispiel ist hier die Angst: Sie ist ein guter Begleiter und ein wichtiger Schutz vor bestimmten Gefahren. Allerdings ist Angst eine so machtvolle Emotion, dass häufig die Unterschiede verschwimmen: Habe ich Angst oder beherrscht die Angst mich? Denn im Regelfall entscheidet nicht mehr die Person, ob sie etwas tun soll oder besser nicht, die Angst nimmt ihr jegliche Entscheidung ab. Dann fühlt man sich ausgeliefert – unter Umständen bis hin zur Willenlosigkeit. Die Fähigkeit der Selbststeuerung bedeutet nun, dass Sie sich zu jedem Zeitpunkt und in jeder Situation von dieser Emotion freimachen können und so entscheidungs- und handlungsfähig bleiben.

Ein anderes Beispiel ist die Eifersucht: Hier entstehen aus bestimmten Konditionierungen heraus Vermutungen, die Ängste schüren. Ehe man sich's versieht, übernimmt die Eifersucht die Herrschaft über das gesamte Denkmuster und steuert das Verhalten. In Fällen chronischer Eifersucht ist von Eigensteuerungsfähigkeit nichts mehr zu bemerken. Der Eifersüchtige hat das Gefühl, willenlos dieser Emotion ausgeliefert zu sein.

Das Gleiche gilt für Wut: Es gibt viele Menschen, die zu Handgreiflichkeiten neigen, wenn sie wütend werden. Sie kennen sich dann selbst nicht mehr und lassen auch kein Anzeichen von Selbststeuerungsfähigkeit mehr erkennen.

Allerdings sind es nicht nur die negativen Emotionen, die uns beherrschen und ungewollt steuern, auch positive Gefühle dominieren oft, so wie die freudige Euphorie. In diesen Situationen ist es ebenfalls ratsam, die Fähigkeit der Eigensteuerung zu besitzen, gerade weil euphorische Gefühle Menschen zu Handlungen verleiten können, die sie später bereuen – denken Sie beispielsweise an überhastete Kaufabschlüsse oder vorschnelle Versprechungen an Dritte. Die Euphorie hingegen bewusst auszuleben und dann wieder aktiv beiseitezulegen, ist um ein Vielfaches schöner, als sich vom Gefühl steuern zu lassen.

Steuerung des Umfelds

Der dritte Schritt, um soziale Kompetenz zu optimieren, ist die Fähigkeit, sein eigenes Umfeld zu steuern, das heißt, gezielt zu erreichen, dass die anderen aus ureigenem Antrieb heraus wollen, was Sie wollen, dass sie wollen. Mit Manipulation hat dies nichts zu tun, es ist vielmehr die hohe Kunst der Überzeugung, die es sich anzueignen gilt.

Wozu Sie diese Fähigkeit der Umfeldsteuerung verwenden, liegt in Ihrer moralischen Verantwortung, denn es ist eine Fähigkeit, die Ihnen sehr viel Kraft und Macht verleihen kann. In der Konsequenz erschließt sich eine große Bandbreite an Möglichkeiten. Diese Fähigkeit kann das Leben sehr viel angenehmer und erfolgreicher machen: Das Ansehen beim eigenen Umfeld steigt, Reibungsflächen verschwinden, Einvernehmen lässt sich leichter erzielen, Mitstreiter sind schneller gefunden. Doch dabei gilt es immer die moralische und ethische Einstellung, die

Verantwortung, die daraus erwächst, zu beachten. Wer dieses machtvolle Instrument in Händen hält, muss die Größe haben, es sorgsam und achtsam einzusetzen. Eine solide Basis an sozialer Kompetenz ist die Grundlage dafür, verantwortungsvoll bei anderen Menschen Ihre Wünsche durchzusetzen und sie dazu zu bewegen, so zu handeln, wie Sie es wollen.

Mal gut, mal böse

Betrachten wir zwei Beispiele für gelungene Umfeldsteuerung, um die Unterschiede zu verdeutlichen:

Stellen Sie sich vor, Sie sitzen in einem Raum und ein Seminar beginnt. Sie warten auf den Referenten. Der geht in die Mitte des Raumes und begrüßt die Anwesenden mit den Worten: »Herzlich willkommen, Sie Arschlöcher!« Was ist die spontane Reaktion der so Angesprochenen? Je nach persönlicher Disposition wahrscheinlich eine der folgenden Varianten: Die einen denken sich vielleicht: »Selber Arschloch!«. Das sind die Menschen mit einem gesunden Aggressionspotential. Andere warten gespannt ab und vermuten: »Jetzt muss eine tolle Pointe kommen, sonst sagt er so etwas doch nicht!« Das sind die Optimisten. Ein Dritter grummelt möglicherweise: »Auch wenn jetzt die beste Pointe der Welt kommt, so etwas hat er zu mir nicht zu sagen!«

Egal, welche spontanen Gedanken bei Ihnen hochkommen, niemand wird in dieser Situation verhindern können, dass Emotionen in ihm hochkochen. Dies ist ein typischer »Knopf« für die Umfeldsteuerung. Jeder weiß genau: Wenn wir dieses Wort sagen, also diesen Knopf bei einer anderen Person drücken, steigen automatisch Gefühle in der anderen Person hoch. Wir kennen alle noch genügend andere »Knöpfe«, von denen wir wissen, dass dadurch andere Menschen an die Decke gehen. Mit einer gut ausgebildeten Fähigkeit zur Umfeldsteuerung kann man solche Reaktionsmuster noch bewusster hervorrufen.

Schauen wir uns dazu noch ein weiteres Beispiel an: Die Tochter geht zur Mutter und sagt beispielsweise: »Mama, ich brauche unbedingt ein neues Handy.« Die Antwort der Mutter ist vorsichtig ablehnend. Sie sagt, dass sie »eigentlich« dagegen sei. Was macht nun die Tochter? Sie geht zu Papa und drückt den richtigen Knopf: »Papa, ich hätte so gern, bitte ..., das wäre so lieb von dir, wenn du ...« Und wie reagiert der Vater? Er gibt klein bei und erlaubt seiner Tochter zu kaufen, was sie haben möchte – auch gegen die objektive Vernunft und die Bedenken seiner Frau. Auch das ist ein Beispiel für gelungene Umfeldsteuerung. Die Tochter sucht gezielt den Weg des geringsten Widerstands.

Kennen Sie den Moment, wenn jemand mit Ihnen spricht und Sie sich wünschen, dass diese Person endlich zum Punkt kommt, ohne abzuschweifen oder auszuholen? Aus Höflichkeit können Sie die Unterhaltung leider nicht beenden, und es bringt auch nichts, häufiger auf die Uhr zu schauen, den Blick abzuwenden oder Ihre Ungeduld auf andere Weise zu äußern. Wie beenden Sie also ein solches Gespräch?

Beobachten Sie sich einmal selbstkritisch! Sehr oft senden Sie unbewusst ein oder zwei Signale, die bewirken, dass die andere Person weiterspricht. Eines wäre das Kopfnicken, alternativ oder zusätzlich geben Sie positive Bestätigung durch Zustimmungslaute wie »ja«, »hm« usw. Beides suggeriert dem Unterbewusstsein des Gesprächspartners: »Bitte weitersprechen!« Alles, was Sie eigentlich tun müssten, um das Gespräch höflich und sozial kompetent zu beenden, ist, Ihrem Gegenüber still in die Augen zu sehen. Kein Kopfnicken und kein Zustimmungslaut. Beim persönlichen Gespräch wird nach 20 bis 30 Sekunden Folgendes passieren: Ihr Gesprächspartner wird sagen: »So ist das eben. Und ich muss jetzt leider weiter!« oder etwas in dieser Art. Das Gespräch wird abbrechen. Tatsächlich haben Sie die Situation – ohne unhöflich zu sein – durch klares Drücken von Knöpfen im Unterbewusstsein des Gegenübers beendet. Dasselbe funktioniert übrigens auch am Telefon. Geben Sie einfach keinen Zustimmungslaut mehr von sich. Möglicherweise kommt dann nach 20 bis 30 Sekunden die Frage: »Sind Sie noch dran?« Dann ist Ihre richtige Antwort, »Ja, ich höre konzentriert zu.« Und nach weiteren 20 bis 30 Sekunden ist auch dieses Gespräch höflich und nett beendet.

Das sind einige gängige Knöpfe, die Sie gerne ausprobieren können, um sich davon zu überzeugen, dass es sich auszahlt zu wissen, wie man seine persönlichen Bedürfnisse durch solche Kommunikationsmittel überzeugend durchsetzt. Doch Achtung, die eben erwähnten »Knöpfe«, um ein Gespräch zu beenden, funktionieren nur auf sachlicher Basis, nicht zum Beispiel in einer Beziehung, wenn Ihr Lebenspartner mit Ihnen spricht. Wenn Sie ihn nur anschauen, ohne eine körperliche Regung und ohne einen Zwischenlaut, dann wird dieser Sie spätestens nach 30 Sekunden fragen: »Was ist los mit dir?« – inklusive der Folgen.

Von der Basis zur Königsklasse

Selbstkenntnis, Eigensteuerungsfähigkeit und die Fähigkeit, sein Umfeld zu steuern, sind aufeinander aufbauende Fähigkeiten, die nicht unabhängig voneinander oder in anderer Reihenfolge umgesetzt werden können. Das eine ergibt sich aus dem anderen und diese Entwicklung braucht Zeit. Denn es gilt diese Fähigkeiten auch in den drei Anwendungsbereichen zu verfeinern: Motivation, Kommunikation und Mentalkraft. Die Königsklasse, nämlich die gezielte, verantwortungsvolle Fähigkeit, sein Umfeld zu lenken, kann nur derjenige erreichen, der die Vorstufen ehrlich und konsequent durchlaufen hat. Um dies zu erkennen, hilft entsprechendes Feedback des eigenen Umfelds oder auch speziell geschulter Fachkräfte. Auch der Wunsch, möglichst schnell die Fähigkeit der Umfeldsteuerung zu erlangen, nützt wenig. Es gibt natürlich auch Menschen, die nun sagen: »Toll, das kann ich ja schon längst!« Doch diese verwechseln oft die mühsam zu erlernende Fähigkeit, das eigene Umfeld zu steuern, mit dem, was sie tatsächlich bereits beherrschen: Manipulation.

Die drei Anwendungsbereiche der Sozialkompetenz

Die drei genannten Schritte, die soziale Kompetenz trainier-, lern- und optimierbar machen, haben wir ausführlich beleuchtet. Hinzu kommen nun die drei Bereiche, in denen die Sozialkompetenz angewendet wird: Motivation, Kommunikation und Mentalkraft (vgl. Abb. 1).

Trainingsmodell der Sozialkompetenz nach Eric Adler

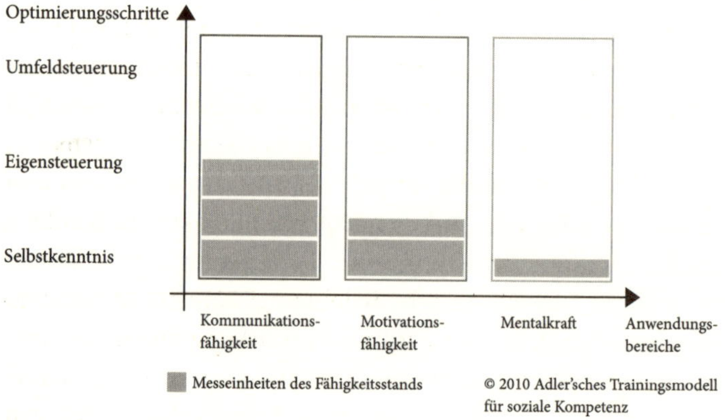

Abb. 1

Kommunikationsfähigkeit: Mehr als Reden

Auf welche Art und Weise wir miteinander kommunizieren, entscheidet maßgeblich darüber, ob wir gemocht werden, ob wir akzeptiert werden oder ob wir über Autorität verfügen. Dieses Feedback aus unserem Umfeld ist dafür verantwortlich, wie wir mit uns selbst zurechtkommen. Nur mit der richtigen Art und Weise der Kommunikation können wir Menschen dazu bewegen, dass sie uns zuhören und unsere Meinung ernst nehmen. Dann gelingt es, unsere Gefühle so zu vermitteln, dass unser Gegenüber sie mit uns teilt oder zumindest akzeptiert. Nur wenn wir die entsprechende Kommunikationsfähigkeit besitzen und einzusetzen wissen, können wir Menschen überzeugen und von ihnen erwarten, dass sie unsere Ideen unterstützen, unsere Gedankengänge nachvollziehen und unseren Ansichten zustimmen beziehungsweise diese so verstehen, wie wir sie meinen.

Motivation: Sich selbst und andere beflügeln

Seit jeher befassen sich Philosophen und Psychologen mit dem, was Menschen antreibt. Motivation ist das Schlagwort und wird beispielsweise wie folgt definiert: »Motivation bezeichnet das auf emotionaler bzw. neuronaler Aktivität beruhende Streben nach Zielen oder wünschenswerten Zielobjekten […] und ist somit eine Art ›Triebkraft‹ für Verhalten.«[81] Von Mill über Freud bis Skinner, sie alle haben sich Gedanken gemacht, was es denn sein könnte, wonach der Mensch strebt, was ihm die Kraft, die Energie und den Mut verleiht, aktiv zu handeln. Anerkennung ist dabei das eine, Vermeidung von Schmerz das andere. Bestrafung wie Belohnung können motivieren, ebenso wie positive oder negative Verstärkung durch das Umfeld. In den 1960er und 1970er Jahren entstanden sogenannte Prozesstheorien der Motivation, zum Beispiel das Modell von Porter und Lawler, dem zufolge die persönliche Anstrengung (Motivation) vom Wert der erwarteten Belohnung und von der Erfolgswahrscheinlichkeit der Handlung abhängig ist.[82] Je nach Fähigkeit und Rollenwahrnehmung führt die Anstrengung zu bestimmten Leistungen. Wenn äußere und innere Belohnungen

---

81 Ledoux, Joseph (2006): Das Netz der Persönlichkeit. Wie unser Selbst entsteht. Düsseldorf, S. 338 f.; Bear, Mark F. et al. (2009): Neurowissenschaften. Ein grundlegendes Lehrbuch für Biologie, Medizin und Psychologie. 3. Aufl. Heidelberg, S. 571 f.

82 Pelz, Waldemar (2004): Kompetent führen. Wirksam kommunizieren, Mitarbeiter motivieren. Wiesbaden.

hinzukommen, steigt die Zufriedenheit, die wiederum zu neuen Leistungen antreibt.

Meines Erachtens lässt sich Motivationsfähigkeit in zwei Bereiche unterteilen: die Eigen- und die Fremdmotivation.

Inneren Antrieb schöpfen

Eigenmotivation ist eine Fähigkeit, die uns zum Beispiel dazu bringt, am Morgen mit Freude aufzustehen. Wir fühlen uns besser und besitzen eine optimistischere Ausstrahlung. Infolgedessen gelingt es uns leicht, Dinge besser und effizienter zu erledigen. Eine stabile Eigenmotivation hilft zudem, schwierige Phasen leichter durchzustehen und den Mut nicht zu verlieren.

Diese Art von innerem Antrieb aufzubauen bedeutet konkret nicht mehr und nicht weniger, als sich selbst in eine positive Grundstimmung zu versetzen, die als Triebfeder dient, das Notwendige zu tun und das Lustvolle zu genießen – Treibstoff sozusagen für ein energiegeladenes Leben. Man bewältigt beispielsweise Aufgaben nicht deshalb, weil man muss, sondern weil man will. Ideelle Ziele zu erreichen steht vor dem Gedanken an Sieg oder Niederlage. Diese Fähigkeit entscheidet darüber, ob wir mit uns selbst gut zurechtkommen oder nicht. Wer nur geringe Eigenmotivationsfähigkeit besitzt, braucht sich nicht zu wundern, dass er sich ständig missmutig und verzweifelt fühlt oder sich inkonsequent verhält. Der Schlüssel zu mehr innerer Motivation liegt in der individuellen Grundeinstellung: Wenn ein Mensch überwiegend das Negative sieht und sich dadurch negativ polt, wird er sehr oft auch das Negative erleben. Sprich: Mit mangelnder Eigenmotivationsfähigkeit sinken auch die Freude am Leben und die Fähigkeit, mit sich selbst zurechtzukommen. Umgekehrt gilt jedoch genauso: Mit einer positiven Haltung zum Leben und zu sich selbst wird man positive Erfahrungen und Ereignisse wie ein Magnet anziehen. Das »füttert« das innere Motivationsreservoir wiederum enorm.

Mitstreiter finden
Neben der Eigenmotivation ist auch Fremdmotivation wichtig, denn dadurch schaffen wir es, andere Menschen anzuregen und zu inspirieren. Das kann, ja muss sogar auf unterschiedliche Weise geschehen, da nicht alle Menschen auf die gleichen Motivationsreize reagieren beziehungsweise die gleichen Motivationsziele verfolgen. So lässt sich das Verhalten einiger Menschen beispielsweise durch die Aussicht auf konkrete Vorteile oder Belohnungen von außen steuern. Andere wieder lassen sich aufgrund ihres Selbstverständnisses und der daraus entstehenden Idealvorstellungen leichter ohne solche Anreize motivieren, da sie ihrer Rolle und den Erwartungen des Umfeldes entsprechen möchten.

Was bedeutet das nun konkret? Es genügt eben nicht zu wissen, welche »Knöpfe« man bei anderen drücken muss. Dieses Wissen kann sich jeder aneignen. Es geht vielmehr darum, die Fähigkeiten und Beweggründe unserer Mitmenschen zu erkennen und diese Wünsche, Ziele und Absichten in die Argumentation einzubringen, um die betreffenden Menschen von unserem Weg zu überzeugen. Welche Ziele, Träume, Hoffnungen und Wünsche hat der andere? Was kann man ihm bieten und ihm dadurch zeigen, wie er diese erreichen bzw. erfüllen kann? Fremdmotivation ist aber auch die Fähigkeit, den anderen dazu zu veranlassen, den Weg überhaupt mitzugehen. Das gelingt, indem man ihm seine Träume, Hoffnungen und Ziele so präsentiert, dass bei ihm daraus der Wunsch entsteht, diese auch verwirklichen zu wollen. Dadurch wächst im Gegenzug seine Eigenmotivation, diesen Weg einzuschlagen. Lob und Anerkennung sind die passenden Instrumente dazu. Wer diese richtig einzusetzen weiß, steigert die Möglichkeiten, mit seinem Umfeld gut zurechtzukommen. Solche Fremdmotivation bedarf eines hohen Verantwortungsbewusstseins und setzt eine gut ausgebildete eigene soziale Kompetenz voraus.

Die Fähigkeit der Fremdmotivation basiert auf zwei Komponenten: einerseits auf der Erkenntnis, selbst genau zu wissen, was man will, andererseits auf dem Wissen darum, was ein anderer Mensch braucht, um motiviert zu werden. Lob und Anerkennung nach dem Gießkannenprinzip zu verteilen, reicht dabei nicht aus. Es gilt vielmehr, die individuellen Motivationsstrukturen zu erspüren und an ihnen anzusetzen.

Mentalkraft: Verstand und Intuition im Einklang

Den dritten Bereich bezeichne ich als Mentalkraft. Diese ist wesentlich, weil sie uns erst in die Lage versetzt, die beiden Grundelemente der Sozialkompetenz, die Fähigkeit zur Steuerung des eigenen Selbst wie auch des persönlichen Umfelds, überhaupt zu lernen, zu trainieren, zu optimieren und anzuwenden.

Ohne mentale Fähigkeiten ist es unmöglich, sich selbst zu steuern und seine Gefühle zu kontrollieren. Ohne Eigensteuerungsfähigkeit wiederum wird man nicht über die Ausstrahlung verfügen, eine entsprechende Wirkung auf andere Menschen auszuüben, usw. Wieder greift eins ins andere.

Was ist Mentalkraft?

Kurz gesagt, ist Mentalkraft die Kraft des Geistes. Diese wörtliche Übertragung allein hilft jedoch nicht weiter. Wie so oft wird ein Sachverhalt verständlicher, wenn man sein Gegenteil definiert: Der Gegenspieler der Mentalkraft ist der automatisierte Verstand. Dieser lässt sich mit einem riesigen Datenspeicher vergleichen, in dem alle Erfahrungen und alles Wissen hinterlegt sind. Aus diesem Reservoir liefert der Verstand auf fast alle Situationen und Probleme eine Antwort, zieht logische Schlüsse und bietet »vernünftige Lösungen« an. In der Konsequenz agieren wir als automatisierte Vollzieher von Anweisungen des Verstands. Mentalkraft in unserem Kontext ist dementsprechend nichts anderes, als die Herrschaft über das eigene Denken zu besitzen und zu behalten, mit anderen Worten: das eigene Denken zu steuern (vgl. Abb. 2). Auch das kann man lernen:

Das Adler'sche Steuerungsmodell

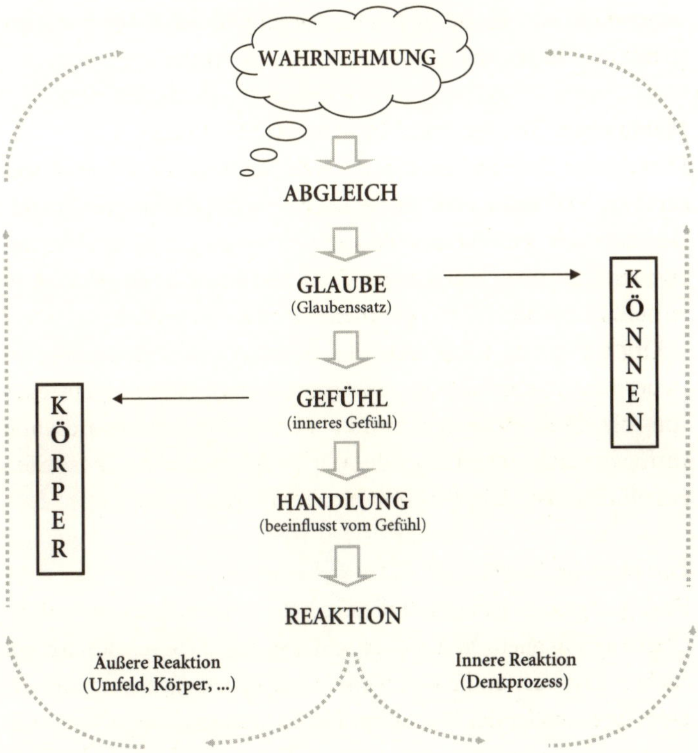

Abb. 2

Am Anfang steht die Wahrnehmung, die es zu schärfen gilt. Alles was wir wahrnehmen, wird mit unserem Speicher abgeglichen. Dadurch bildet sich ein Glaubenssatz, der sowohl ein inneres Gefühl als auch unsere Handlungen entstehen lässt. Unsere Handlungen lösen sowohl innere Reaktionen (Selbstbestätigung) aus als auch äußere, die das Umfeld betreffen. Das Problem dabei ist, dass der Verstand aufgrund von Erfahrungswerten – das können eigene, aber auch erlernte oder von anderen übernommene sein – vorgibt, welcher Glaubenssatz ad hoc in uns entsteht. Automatisiert lässt er uns fühlen und handeln. Angewandte Mentalkraft funktioniert anders: Mit ihr wählen wir selbstständig den passenden Glaubenssatz aus oder kreieren einen neuen – durchaus auch im Widerspruch zu dem vom Verstand vorgegebenen.

Die meisten Menschen vertrauen ihrem Verstand voll und ganz, sie verlassen sich auf dessen vernünftige Entscheidungen und ziehen Alternativen nicht mal in Erwägung. Leider, denn sie wissen nicht, was sie verpassen!

Die Herrschaft über die eigenen Glaubenssätze zu übernehmen und dabei teilweise gegen den Verstand zu agieren ist schwierig. Aber lassen Sie sich mit einer wichtigen Erkenntnis konfrontieren: Wir sind nicht der Verstand, sondern wir haben einen! Daher bedeutet die Stärkung der Mentalkraft nichts anderes, als dem Gefühl, der Intuition – oder wenn Sie so wollen, dem siebten Sinn – einen Stellenwert zuzuweisen, der dem Verstand gleichrangig ist. Das befähigt uns dazu, ständig neue Glaubenssätze auszuprobieren, auch solche, die mit unseren bisherigen Konditionierungen nicht übereinstimmen. Dadurch wächst jedoch die Erfahrung und die Erkenntnis, mehr zu wissen und zu verstehen, als man bislang für möglich gehalten hat.

Sozialkompetenz live

»Und was soll ich jetzt machen?«, werden Sie nun vielleicht fragen. Genau an dieser Frage scheitern die meisten Menschen. Viele erkennen bereits, dass Sozialkompetenz eine ausnehmend wichtige Fähigkeit ist, die mit der Zeit immer mehr verloren ging. Doch wie lässt sich diese nachhaltig entwickeln? Wir können unsere Persönlichkeit nur unter bestimmten Parametern effektiv weiterentwickeln. Bei Fachthemen genügt ein Seminar, ein Workshop oder ein Buch. Wenn ich einmal begriffen habe, dass 2 + 2 = 4 ergibt, kann ich dieses Wissen für den Rest meines Lebens anwenden.

Um aber die eigene Persönlichkeit und die sozialen Kompetenzen weiter auszubauen, zu verstärken, zu optimieren und zu trainieren, bedarf es Zeit und Kontinuität. Nur damit können sich aufeinander aufbauende Erkenntnisse langsam und gefestigt in Denkmuster umwandeln. Die tägliche Selbsterfahrung bei der Umsetzung der neuen Methoden, Verhaltensweisen und Erkenntnisse gehört ebenfalls dazu. Nur durch die Summe dieser Selbsterfahrungen werden sich neue Verhaltensmuster nachhaltig entwickeln. Das bedeutet, dass Sie Motivation benötigen, um Ihre Entwicklungsschritte durchzuhalten. Um neue Verhaltensmuster zu festigen und Denkmuster entsprechend anzupassen, brauchen Sie außerdem Feedback. Erst die adäquate Rückmeldung aus Ihrem Umfeld versetzt Sie in die Lage, Ihr Verhalten langfristig zu ändern.

KAPITEL 6

DIE GOLDENEN ZWÖLF

Der Erfolg, sagt man so schön, hat viele Väter. Doch wenn man diese Aussage näher beleuchtet, bemerkt man rasch, dass sie nicht stimmt. Der Erfolg hat immer nur einen Vater oder eine Mutter, und das sind Sie selbst. Sie sind selbst dafür verantwortlich, wie viel Erfolg Sie in Ihrem Leben haben. Wollen Sie diese Verantwortung auch übernehmen? Diese scheinbar simple Frage ist bei ehrlicher Betrachtung ganz schön schwer zu beantworten, und die Antwort fällt je nach persönlicher Disposition anders aus:

Einerseits gibt es Menschen, die nach dem Motto »Der Wille versetzt Berge« handeln. Allein: Der Geist ist willig, aber das Durchhaltevermögen kann zumeist nicht mithalten. Immer wieder zweifeln sie an den eigenen Fähigkeiten und gelangen deshalb nicht an das selbst gesteckte Ziel. Und dann gibt es Menschen, die glauben, das Leben sei ein breiter, ruhiger Strom. Alles ist ihrer Meinung nach vorbestimmt. Alles fließt. Verantwortlich ist allein eine höhere Macht.

Für welche Variante würden Sie sich entscheiden? Ganz gleich, wie Sie sich entscheiden, keine der beiden Sichtweisen ist richtig. Wir können weder alles mit unserem eigenen Willen steuern, noch liegt unser Schicksal vollständig in fremder Hand. Inwieweit wir die Dinge um uns herum beeinflussen können und wofür wir die Verantwortung tragen, ist ein anderes Thema. Tatsache ist: Ein gesundes Maß an Eigenverantwortung bildet die Grundlage für beruflichen Erfolg und private Zufriedenheit. Die nun folgenden zwölf Gesetze werden Ihnen helfen, diese Ziele zu erreichen.

1. Das Gesetz der Verantwortung: Übernehmen Sie Verantwortung für Ihr Denken!

Es gibt eine Geschichte, die beschreibt den Sachverhalt besonders treffend: Der Bauer Sepp liegt im Sterbebett und seine Frau Zenzi hält ihm die Hand. Da sagt er: »Gell, Zenzi, immer wenn's mir schlecht gegangen ist, warst du bei mir. Damals nach dem Krieg, Zenzi, da warst du bei mir.« Und sie antwortet: »Ja, Sepp, ich war bei dir.« – »Gell, Zenzi, und wie ich mir den Fuß gebrochen habe, da warst halt du bei mir.« Und Zenzi antwortet: »Ja, Sepp, ich war bei dir.« Noch mal setzt Sepp an: »Und wie das Haus abgebrannt ist, und wie ich Syphilis gehabt hab', und wie ich pleite gegangen bin, immer warst du bei mir, Zenzi.« – »Ja, Sepp, ich war immer bei dir.« Mit letzter Kraft sagt Bauer Sepp: »Und jetzt, wo es mit mir zu Ende geht, jetzt bist auch bei mir!« – »Ja, Sepp«, antwortet Zenzi, »jetzt bin ich auch bei dir.« – »Weißt was, Zenzi, schleich dich, du bringst mir kein Glück!«

Nur die wenigsten Menschen sind mit ihrem Leben so rundum glücklich und zufrieden, wie sie es gerne wären. Da drängt sich die Frage auf, warum sich bei den meisten Menschen niemals etwas ändert? Ganz einfach: weil sie den Hauptgrund für ihre Schieflage nicht kennen. Und dabei ist dieser Grund ganz einfach: Ihr Denken ist falsch! Natürlich gehören noch andere Bausteine dazu, doch die Basis für alles ist das richtige Denken und die Verantwortung für das eigene Denken wahrzunehmen.

Innen wie außen

Wie funktioniert das mit dem richtigen Denken? Auf den ersten Blick scheint es so, als würden sich unsere Gedanken ohne unseren Einfluss entwickeln. So fühlen wir es, doch das ist nicht richtig, denn jeder Mensch hat bestimmte Parameter, die sein Denken grundlegend beeinflussen. So glauben wir an bestimmte Dinge, an andere jedoch nicht. Dieser Glaube lässt nur eine bestimmte Sicht auf die Dinge um uns herum zu. Er spiegelt unsere innere Haltung wider, die sich in unserer äußeren Haltung zeigt, in dem, was wir sagen, wie wir auftreten, was wir tun. Unsere Körpersprache, unsere Mimik und unsere Gestik verraten unsere wahren Gedanken. Doch nicht nur das: Jede Aktion löst auch eine Reaktion aus und setzt einen Prozess in Gang. Somit sind wir allein durch unsere Gedanken auch dafür verantwortlich, was um uns herum passiert.

Die Macht der Gewohnheit

Hinderlich bei der Übernahme von Eigenverantwortung ist die Gewohnheit. Wir machen viele Dinge auf eine bestimmte Art und Weise, ohne darüber nachzudenken, einfach nur, weil wir sie immer schon so gemacht haben. Fragen Sie sich also: Warum mache ich das so und nicht anders? Wenn Sie keine zufriedenstellende Erklärung für Handlungsweisen finden, die Sie blockieren, die also den Blick auf neue, bessere Optionen versperren, dann handeln Sie aus Gewohnheit. Diese führt Sie nie auf neue Wege, sondern nur zu alten Verhaltensmustern. Also weg damit!

Die Kraft zur Veränderung liegt in unseren Gedanken. Sie sind reine Energie. Mit dieser Energie unseres Denkens – und zwar des bewussten und des unbewussten – beeinflussen wir sämtliche Prozesse in und um uns herum. Ihre Gedanken steuern Ihre Mimik und Gestik und können dadurch unterschiedliche Reaktionen hervorrufen. Verantwortung bedeutet also nicht nur Eigenverantwortung für den persönlichen Erfolg, sondern Gesamtverantwortung für alles, was Sie mit Ihren Handlungen hervorrufen.

Bei allen Entscheidungen – gleich, ob es sich um große oder alltägliche handelt – sollten wir uns bewusst sein, dass wir durch die Energie unserer Gedanken die Auslöser setzen. Mit der Freiheit, Entscheidungen bewusst zu treffen, unterscheidet sich der Mensch von allen anderen Lebewesen.

Verantwortung als Chance

Erkennen Sie die Verantwortung für Ihr Denken als die große Chance für den Beruf ebenso wie fürs Privatleben. Lassen Sie sich von den Aussagen anderer Menschen nicht irritieren. Es funktioniert: Anstatt sich von Zweifeln kleinmachen zu lassen, denken Sie sich groß. Ihre Gedanken und die Verantwortung, die Sie dafür übernehmen, entscheiden, ob Sie privat zufrieden und beruflich erfolgreich sind. Dabei genügt es jedoch nicht, sich täglich ein paar positive Sätze aufzusagen. Vielmehr müssen Sie sich die neuen, positiven Gedankenmuster antrainieren. Trennen Sie sich von den alten, negativen und ängstlichen. Zu diesem Entwicklungsprozess gehört es auch, Niederlagen zu akzeptieren, denn ohne sie gibt es keinen Erfolg. Geben Sie in diesen Momenten jedoch nicht die Herrschaft über Ihre Gedanken ab, sondern behalten Sie gerade dann die Kontrolle!

Achten Sie auch auf Ihre Körperhaltung: Ihre äußere Haltung bestimmt Ihre innere Haltung und umgekehrt. Also straffen Sie das nächste Mal, wenn Sie sich schlecht fühlen, die Schultern, drücken die Brust heraus, schauen Sie nach oben, lassen Sie Ihren Gang aufrecht, sicher und stolz wirken, bringen Sie ein ehrliches Lächeln auf Ihre Lippen, und Sie werden feststellen: Das hilft. Die Konsequenz: Künftig werden Sie bei allem, was Sie tun oder vorhaben, Ihre Gedanken sowie Ihre innere Haltung auf diese Weise steuern. Sie übernehmen bewusst für jede Ihrer Aktionen und die daraus resultierenden Prozesse die Verantwortung – vom täglichen Lächeln bis zur Lebensentscheidung.

2. Das Gesetz des Lernens: Suchen Sie ständig Weiterentwicklung!

Die Basis für jede Weiterentwicklung bildet das stetige Lernen. Wir können unser Gehirn als eine Art Festplatte betrachten, auf der all unser Wissen und unsere Fähigkeiten gespeichert sind. Allerdings können wir nur jene Informationen abrufen, die im Rahmen unseres bisherigen Erfahrungs- und Lernhorizonts liegen. Entsprechend können wir auch nur so handeln, wie es uns die gespeicherten »Daten« erlauben. Das bedeutet, dass wir immer dann, wenn wir eine schlechte Gewohnheit durch eine bessere ersetzen möchten, diese durch neue Informationen auf der »Festplatte« verankern müssen. Und das gilt für alle Veränderungen in Bezug auf Wissen, Persönlichkeit, Lebenssituation oder berufliche Weiterentwicklung. Dieses Lernen erfordert die ständige Bereitschaft, frühere Erfahrungen und neues Wissen miteinander zu verknüpfen und daraus Erkenntnisse zu gewinnen. Wenn Sie aufhören würden zu lernen, blieben Sie einfach auf Ihrem derzeitigen Entwicklungsstand stehen. Wo keine Weiterentwicklung ist, da ist Stillstand. Stagnation. Und genau das ist es, was viele Menschen daran hindert, Erfolg und Zufriedenheit zu erlangen.

Ein wesentlicher Teil des Lernens ist auch das Lehren. Die Weitergabe von Wissen und Fertigkeiten bietet eine gute Gelegenheit, sich selbst auszuprobieren, sich zu prüfen und zu kontrollieren, weil automatisch mit ihrer Vermittlung die eigenen Ideen und Vorstellungen reflektiert werden. Ebenso nehmen wir auch Wissen von anderen auf und gleichen dieses mit unseren eigenen Erfahrungen ab. Manchmal ziehen wir daraus die Bestätigung, richtig zu handeln; manchmal müssen wir uns eingestehen, »Fehler« gemacht zu haben. Aber auch darin steckt Potential. Denn: Aus Fehlern kann man bekanntlich lernen.

Aus Fehlern lernen

Wir alle kennen diesen Spruch, doch allzu häufig fehlt die Bereitschaft dazu: Werden wir auf vermeintliche Fehler aufmerksam gemacht, reagieren viele von uns spontan beleidigt oder lassen sich entmutigen. Dabei sind Fehler zunächst einmal ein nicht gewünschtes Ereignis auf dem persönlichen Weg. Nicht mehr und nicht weniger. Demnach können nur Sie allein beurteilen, ob Sie einen Fehler gemacht haben oder nicht. Die Analyse fremder Personen über Ihre Fehler ist meist sehr vermessen, da diese Ihren persönlichen Weg nicht abschätzen können und deswegen nicht in der Lage sind zu beurteilen, ob tatsächlich ein »Fehler« passiert ist. Häufig lassen wir uns Fehler sogar »einreden« und gestehen dadurch anderen ein Mitspracherecht zu, das ihnen nicht gebührt. Wir geben die Verantwortung ab und schenken den Zweiflern allzu leicht Glauben. Angst vor dem Urteil anderer ist die Folge. Und diese Angst blockiert uns. Vergessen Sie jedoch nicht: Sie allein tragen die Verantwortung für Ihre vermeintlichen Fehler.

Um aus Fehlern lernen zu können, ist die korrekte Betrachtungsweise sehr wichtig. Jedes »nicht gewünschte Ereignis auf Ihrem persönlichen Weg« ist ein Indikator dafür, dass eine Kurskorrektur erforderlich ist. Wir Menschen laufen allerdings Gefahr, diese Indikatoren nicht wahrzunehmen oder zu ignorieren. Wenn also etwas im Leben nicht so läuft, wie man es sich vorgestellt hat, dann ist das ein klares Signal dafür, dass man nicht auf dem richtigen Weg ist. Anstatt den Kurs jedoch zu korrigieren, verfallen wir gerne in Selbstmitleid, weil wir Angst haben, »Fehler« zu machen.

Anerzogene Angst

Die Angst vor Fehltritten, Fehlentscheidungen oder schlichtem Fehlverhalten hängt damit zusammen, dass einem Kind – das normalerweise sehr viel aus Fehlern lernt – häufig vermittelt wird, dass es, wenn es Fehler macht, kein gutes Kind ist, weniger geliebt wird, mit dem Entzug von Anerkennung bestraft wird. Es mangelt in unserer Gesellschaft an einer Fehlerkultur, die auf die positiven Lerneffekte von Fehlern hinweist.[83] Die Entwicklung

83 Vgl. dazu: Spychinger, Maria (2008): »Lernen aus Fehlern und Entwicklung von Fehlerkultur. Konzeptuelle Grundlagen und programmatische

sowohl des Einzelnen als auch der Allgemeinheit wird durch diese Angst vor Fehlern gehemmt: der Angst, gewohntes Terrain zu verlassen, der Angst vor Zurückweisung, der Angst, etwas falsch zu machen, der Angst vor negativen Reaktionen. Grundsätzlich ist Angst eine hilfreiche Emotion, sie ist ein guter Wegbegleiter und bietet Schutz, sie darf aber nicht überwiegen. Der große Unterschied ist: Wenn ich Angst habe, ist das okay. Hat die Angst mich aber im Griff, mehr noch, beherrscht sie mich, so ist das nicht in Ordnung. Fragen Sie sich in Zukunft, wenn Sie Angst haben und deshalb etwas nicht tun: Habe ich Angst oder beherrscht die Angst mich?

Weiterentwicklung braucht Herausforderungen

Es braucht Mut, um neue Wege zu gehen, immer wieder Herausforderungen anzunehmen und hinzuzulernen. Doch wie ein Franz Kafka zugeschriebener Aphorismus besagt: Neue Wege entstehen dadurch, dass man sie geht.

- Wenn wir lernen, machen wir Fehler. Trauen Sie sich ruhig, Fehler zu machen, und genießen Sie es!
- Halten Sie sich bewusst aus dem »Fehlerspiel« heraus! Das bedeutet: Versuchen Sie nicht, andere klein zu halten, indem Sie ihnen Fehler unterstellen. Loben Sie stattdessen und geben Sie Kritik nur ruhig, sachlich und konstruktiv weiter. Dadurch gewinnen Sie die Anerkennung und den Respekt Ihres Umfelds.
- Hören Sie auf Ihre innere Stimme, aber lassen Sie diese nicht entscheiden. Entscheiden Sie über Ihren persönlichen Weg ganz bewusst und eigenverantwortlich.
- »Habe ich Angst oder beherrscht die Angst mich?« Wenn Sie sich auf diese Frage in jeder Situation eine ehrliche Ant-

---

Thesen für einen pädagogischen Umgang mit Fehlern.« In: Erwägen-Wissen-Ethik (19/3), S. 274–282.

wort geben, werden Sie feststellen, dass Sie zwar weiterhin auf Ihre Angst hören, aber immer angstfreier Entscheidungen treffen.

Und beachten Sie immer: Nur Sie allein entscheiden, ob Sie einen Fehler gemacht haben oder nicht. Wenn ein nicht gewünschtes Ereignis auf dem persönlichen Weg eintritt, ist das als Indikator zu akzeptieren. Entscheidend ist aber, die Gründe dafür festzustellen und daraus zu lernen.

3. Das Gesetz des Willens: Wirklich wollen – anstatt wünschen, träumen, hoffen!

Was man braucht, um Verantwortung zu übernehmen und um zu lernen, ist ein fester Wille. Dieser Wille muss Ihr Wille sein, Ihr freier Wille wohlgemerkt! Es hat nämlich keinen Sinn, nur das zu tun, was die anderen wollen.

Wenn wir nicht wissen, was wir wollen, wie sollen wir dann wissen, wie wir dort hinkommen? Die Entwicklung eines eigenen stabilen Willens ist eine Grundvoraussetzung. Andernfalls werden wir niemals das erreichen, was uns vorschwebt. Es bleiben Träume. Ist der Wille jedoch vorhanden, ist jeder Weg offen. Dabei geht es darum, sich selbst Ziele zu setzen und konsequent darauf hinzuarbeiten. Das Wort »selbst« in diesem Satz ist sehr wichtig. Nur dadurch schafft man die nötige Identifikation, die einen starken Willen provoziert, um das Ziel auch tatsächlich zu erreichen.

Nichts ist beständiger als der Wandel

»Die einzige Konstante im Universum ist die Veränderung« wusste schon der griechische Philosoph Heraklit von Ephesus. Das bedeutet, alle Zielsetzungen werden und müssen sich im Lauf des Lebens ändern. Deshalb ist es so wichtig, das eigene

Handeln immer wieder auf neue Ziele auszurichten und andere Wünsche und Vorstellungen diesem neuen, höheren Ziel unterzuordnen.

Folgende Fragen müssen Sie sich im Vorfeld stellen: Verfüge ich über die notwendigen Kenntnisse und Mittel, um mein Ziel zu erreichen? Wenn nicht, kenne ich vielleicht Menschen, die mir das nötige Wissen und die erforderlichen Ressourcen zur Verfügung stellen könnten? Ist das Vorhaben im gegebenen Rahmen umsetzbar? Und schließlich: Bin ich aus meiner persönlichen Situation heraus in der Lage, das angestrebte Ziel zu erreichen?

Sollten Sie eine dieser Fragen mit »Nein« beantworten, gilt es zunächst einmal, diese »fehlenden Elemente« zu sichern. Unterteilen Sie Ihre Zielvorgabe in Teilziele, mit deren Erreichen Sie über alle »Zutaten« verfügen, die notwendig sind, um an Ihr Ziel zu gelangen. Zugegeben, das ist etwas mühsam, aber es lohnt sich. Denn wer bereits im Vorfeld viel Einsatz zeigt, wird mit einem besonders starken Willen belohnt. Und: Je höher das Ziel, desto größer ist auch der Aufwand und umso stärker muss auch der Wille sein. Genau hier liegt der Unterschied zwischen Wunsch und Willen: Der Wunsch gibt an, was man gerne hätte, ohne dass man bereit ist, etwas dafür zu tun. Der Wille dagegen unterstreicht die Bereitschaft, den nötigen Einsatz an den Tag zu legen.

Wenn Sie nicht nur einen Wunsch haben, sondern auch eine Zielsetzung, können sich dennoch bisweilen die Rahmenbedingungen so verändern, dass sich dadurch auch die Zielvorgabe wandelt. Doch selbst dann war der Energieaufwand nicht vergebene Liebesmüh', denn auf dem Weg zur Erkenntnis haben Sie an Erfahrung und Wissen gewonnen. Ebendarin liegt die Stärke des Willens, der Sie jedes Ziel erreichen lässt: Es kommt darauf an, dass Sie nicht nur wissen, was Sie wollen, sondern dass Sie auch immer wissen, was Sie dafür tun müssen, und Sie sich im

Klaren darüber sind, ob Sie bereit sind, den erforderlichen Aufwand zu erbringen.

Den Erfolg fest im Blick

Um dem Willen die nötige Stärke zu verleihen, bedarf es der richtigen Fokussierung. Ein Beispiel: Boxenstopp bei der Formel 1. In vier bis sechs Sekunden müssen vier Reifen gewechselt werden – eine für einen Laien unvorstellbare Leistung, die nur durch Fokussierung gelingen kann. Die Mechaniker tun tage- und nächtelang nichts anderes, als ständig immer und immer wieder das richtige Werkzeug zur richtigen Zeit an den exakt richtigen Punkt zu setzen. Nur durch Konzentration und Übung ist diese Schnelligkeit möglich. Außerdem geht es dabei ja auch um die Sicherheit von Menschenleben auf der Strecke. Das bedeutet, es muss alles nicht nur in rekordverdächtiger Zeit, sondern auch noch hundertprozentig sicher vonstattengehen. Dasselbe gilt auch für das Erreichen Ihres Ziels: Wenn Sie den festen Willen haben, ein bestimmtes Ziel zu erreichen, und bereit sind, konsequent den nötigen Aufwand zu erbringen, dann müssen Sie Ihr gesamtes Engagement, Ihr Denken und Handeln auf dieses Ziel konzentrieren. Je größer das Ziel ist, umso intensiver muss die Konzentration ausfallen.

Vorfreude macht stark

Vorfreude wird gezielt durch Visualisierung und durch Schweigen aufgebaut. Visualisierung bedeutet, sich – wann immer Sie können – bildhaft vor Augen zu führen, wie sich Ihre persönliche Situation verändert, woran Sie denken und was Sie fühlen werden, wenn Sie Ihr Ziel erreicht haben. Dadurch gewöhnt sich Ihr Unterbewusstsein an das Ziel, und die nötige Fokussierung wird Ihnen leichter fallen und Ihren Willen stärken.

Schweigen bedeutet in diesem Zusammenhang, dass Sie mit niemandem über Ihr Ziel sprechen, der nicht unmittelbar damit zu tun hat und deswegen darüber informiert sein muss. Viele Menschen machen den Fehler, Ihre Ziele anzukündigen, und ernten dadurch Skepsis. Diese schwächt wiederum ihren Willen. Oder sie erhalten Vorschusslorbeeren, die allerdings die innere Spannung verringern, weil das Unterbewusstsein folgert, dass es ja gar nicht mehr nötig sei, sich anzustrengen. Zu guter Letzt setzen sich viele selbst unter Druck, indem sie in Angst geraten, dass ihre Ankündigungen vielleicht doch voreilig waren. Damit machen sie sich selbst die Vorfreude auf das Erreichen des Ziels zunichte.

Der Wille versetzt Berge

Es gibt Menschen, die zwar einen starken Willen haben und ihre Ziele erreichen, aber einfach keinen Frieden finden, obwohl sie schon viel erreicht haben. Der Grund: zu hohe Erwartungen an sich selbst. Dieser lässt die Menschen zu Dauerkämpfern werden, die nie zufrieden sind. Ein starker Wille hat jedoch nichts mit Zwang und Druck zu tun. Wirkliche Stärke kann nur entstehen, wo innere Ausgeglichenheit, Selbstvertrauen und Zuversicht herrschen. Überall dort, wo man sich zu etwas zwingt, wo man mit dem Kopf durch die Wand will, fehlt diese innere Harmonie.

Ein kraftvoller Wille erwächst, wenn ein Mensch das Gefühl hat, dass sein Vorhaben eine Berufung ist. In diesem Fall gewinnt der Mensch eine tiefe und beruhigende Sicherheit, dass er das Richtige macht. Dadurch entsteht – ganz ohne jegliche Anstrengung – eine enorme Motivation, welche die Umsetzung von Plänen ermöglicht, die noch kurz zuvor utopisch erschienen. Deshalb:

- Die eigene Zielsetzung ist die Basis, um überhaupt einen festen Willen entwickeln zu können und die nötige Kraft für die Dauer des Projekts aufzubringen.
- Den Aufwand zu eruieren ist wichtig, um die nötige Energie zu schöpfen, einen Plan bis zum Ende zu verfolgen. Schät-

zen Sie den zu erbringenden Aufwand lieber ein bisschen größer ein als vielleicht notwendig!

- Der Einsatz, der sich lohnt, macht den Unterschied zwischen Träumern und Siegern. Für Sie muss das Ziel einen konkreten Sinn haben.
- Verzetteln Sie sich nicht! Konzentrieren Sie Ihre Kraft und nutzen Sie diese sinnvoll.
- Um den Rückhalt unseres Unterbewusstseins zu gewinnen, ist es notwendig, Vorfreude zu generieren. Stellen Sie sich Ihren zukünftigen Erfolg immer wieder vor. Schwächen Sie Ihren Willen nicht dadurch, dass Sie schon vorab Lorbeeren ernten. Schweigen Sie über Ihr Ziel und schöpfen Sie Energie aus der Vorfreude.
- Druck erzeugt Gegendruck: Wenn Sie mit Druck und Zwang etwas erreichen wollen, gelingt es vielleicht, aber es wird keine wahre Freude auslösen. Versuchen Sie nicht, »mit dem Kopf durch die Wand« zu gehen. Sagen Sie sich stattdessen: »Ich weiß, dass es funktioniert, ich muss mir nicht die geringsten Sorgen machen.«

4. Das Gesetz des Angriffs: Weniger reden – mehr handeln!

Die »Goldenen Zwölf« lassen sich mit einem Kochrezept vergleichen. Je mehr Zutaten man hat und je phantasievoller man diese kombiniert, desto raffinierter wird das Menü. Bislang haben Sie drei Zutaten, die Basis guter Hausmannskost sozusagen, aber nicht mehr. Ob Sie den Mut haben, dieser gewohnten Kost eine individuelle Note zu geben, entscheidet sich jetzt. Wenn Sie es nicht tun, werden Sie sich weiterhin mit Hausmannskost begnügen müssen und verpassen damit vielleicht eine der wichtigsten Chancen Ihres Lebens.

Falls Sie das zu dramatisch finden, muss ich Sie enttäuschen, denn solche verpassten Chancen sind für viele Menschen Alltag. Die meisten verbringen ihr Leben mit guten Vorsätzen, kommen aber nie zum Handeln. Wie viele Menschen kennen Sie, die eine Sache wollen, sich darauf vorbereiten und dann doch nie damit beginnen? Und das nicht nur ein- oder zweimal in ihrem Leben, sondern andauernd. Viele Projekte werden nicht verwirklicht, weil wir schlicht zu faul oder zu feige sind. Es ist die eigene Unentschlossenheit, die einen daran hindert, die Dinge in Angriff zu nehmen.

Wer nichts macht, macht auch nichts falsch

Viele Menschen möchten Dinge tun, die sie trotzdem ein Leben lang nicht angehen. Sie nennen es Schicksal. Sie machen das Umfeld, die Voraussetzungen, ja teilweise sogar ihre Kindheit, ihre Eltern dafür verantwortlich, dass ihr Leben nicht so verläuft, wie sie es sich wünschen. Doch die Lösung ist ganz einfach: Es wurde zu wenig für die eigenen Ziele getan. Und Träume, deren Verwirklichung nie in Angriff genommen wurde, bleiben eben Träume. Erst die Entscheidung, ein Vorhaben tatsächlich umzusetzen, löst eine Außenwirkung aus. Anders gesagt: Erst wenn ich aktiv bin, kann ich Dinge in meinem Sinne beeinflussen – bleibe ich passiv, überlasse ich anderen die Entscheidung.

Wer nichts macht, macht auch nichts falsch – kommt aber auch nicht voran. Jede Entscheidung, jedes Handeln bringt positive Entwicklungen mit sich, auch wenn das vorläufige Ergebnis negativ ausfällt. Aber wenn ich nie zu handeln beginne, weil ich mich nicht entscheiden kann, werde ich nichts hinzulernen und deshalb nie gut genug sein, um mein Ziel zu erreichen. Es klingt unglaubwürdig, aber die meisten Menschen bleiben lieber ein Leben lang an dem Punkt, von dem sie unbedingt weg möchten.

Sich nicht entscheiden zu können, ist eine persönliche Schwäche. Stärke zeigt der, der wohlüberlegte Entscheidungen treffen kann und eine Sache unverzüglich anpackt. Er wird gegenüber dem, der sich nicht oder nur zögernd entscheiden kann, immer im Vorteil sein.

Und wie ist das bei Ihnen? Aktiv zu entscheiden, heißt nicht einfach nur, möglichst schnell zu entscheiden. Oft ist es wesentlich klüger, etwas nicht zu tun. Aber auch dazu sollten Sie sich bewusst entscheiden. Erfolgreiche Menschen können immer sagen, warum sie etwas tun oder nicht tun. Und da sie sich selbst treu sind, gewinnen sie an Ausstrahlung und Persönlichkeit.

Der Mut zur Veränderung ist eine Sache, sich damit durchzusetzen, eine andere. Wer von seinen Ideen und Vorstellungen überzeugt ist, so dass er in der Verwirklichung lediglich die logische Konsequenz seines Handelns sieht, ist so emotionalisiert, dass er sich durchsetzen wird. Der Wille festigt sich mit den ersten Widerständen, die man überwinden konnte. Durch das Treffen von Entscheidungen wächst erstens die Kraft, Widerständen zu begegnen, und zweitens das Vertrauen in den eigenen Weg. Je öfter man das macht, desto stärker ist die Fokussierung, die Energie und die Sensibilität für die innere Führung.

Der Mensch wächst mit seinen Aufgaben

Sie müssen nur die ersten Schritte tun: sich entscheiden und unverzüglich handeln. Denn das Geheimnis liegt darin, eine Sache ins Laufen zu bringen. Handeln beginnt immer mit dem Wort »jetzt«.

Wie oft nimmt man sich etwas vor und macht es dann doch nicht? Wissen Sie nicht? Ich auch nicht. Es interessiert uns auch nicht, wie viele der Vorsätze »man« umsetzt – wichtig ist, wie viele Ihrer Vorsätze Sie umgesetzt haben! Bei den meisten Menschen fällt die Ausbeute mager aus.

Die Hauptursache für Misserfolge sind fehlende Entschlussfähigkeit und Entschlusskraft. Es gehört zu den menschlichen Schwächen, alles hinauszuschieben, zu verzögern und sich vor einer Entscheidung zu drücken – besonders dann, wenn es um neue, unbekannte oder potentiell unangenehme Erfahrungen geht. Sich nicht entscheiden zu können, ist der Hemmschuh des Erfolges, weil es dadurch niemals einen Angriff geben kann.

- Sich bewusst zu entscheiden ist die Grundlage für einen erfolgreichen »Angriff«. Liefern Sie keine Erklärungen für andere! Handeln Sie eigenverantwortlich und man wird Sie als Führungspersönlichkeit anerkennen.
- Die rasche Entscheidung ist es, die Sie von Zauderern und Zweiflern unterscheidet. Während andere noch überlegen, sollten Sie schon lange wissen, was zu tun ist.
- Es gilt deshalb, sofort zu beginnen. Wer abwartet, bis alle Vorbereitungen abgeschlossen sind, der wird nie anfangen.
- Der unbedingte Wille zur Durchsetzung wird Ihnen die Kraft geben, auch in schwierigen Situationen zu Ihrer Entscheidung zu stehen. Und er wird Ihnen die Kraft geben, sämtliche Herausforderungen auf dem Weg zu Ihrem Ziel zu meistern und daran zu wachsen.

5. Das Gesetz des Vertrauens: 100-prozentig zuverlässig sein – sich selbst und anderen gegenüber

Vertrauen ist der Anfang von allem – und Misstrauen ist etwas, das alles zunichtemachen kann. Viele erfolgsorientierte Menschen scheitern an mangelndem Vertrauen. Sie haben kein Vertrauen in die Mitmenschen, kein Vertrauen in die Umwelt, kein Vertrauen in die Gesellschaft und – was am schlimmsten ist – kein Vertrauen zu sich selbst. Es sind genau diejenigen, die ständig annehmen, dass sowieso alles schiefgeht, die sich selbst laufend im Weg stehen und deshalb, obwohl sie alle Ratschläge strikt befolgen, niemals erfolgreich sein werden.

Wer in ständigem Zweifel, mit quälenden Gedanken und dem Misstrauen gegenüber allem und jedem lebt, dem ist es unmöglich, eine positive Entwicklung zu vollziehen, geschweige denn einen erfolgreichen Weg zu gehen. Die Ursache liegt in erlebten Geringschätzungen, kritischen Äußerungen anderer und Verboten.

Wir sind geprägt von Maximen wie »Vertrauen ist gut, Kontrolle ist besser«, »realistisch bleiben«, »bescheiden sein«, »sich nicht selbst überschätzen« und ähnlichem Unsinn. Kein Wunder also, dass wir so voller Zweifel sind. Nun wissen wir aber – nüchtern betrachtet –, dass diese Zweifel eigentlich unberechtigt sind. Denn, erinnern Sie sich: Es kann nicht mehr passieren, als dass ein unerwünschtes Ereignis eintritt. Dieses wäre ein Indikator dafür, dass eine Kurskorrektur erforderlich ist – nicht weniger, aber auch nicht mehr. Ihr Selbstvertrauen sollte das nicht erschüttern. Ohne dieses kommen Sie nicht voran. Ja, mehr noch, auch ein Vertrauen ins Umfeld gehört mit dazu.

Denn wenn Sie sich selbst vertrauen und auch Ihr Umfeld vertrauenswürdig ist, dann wissen Sie genau, auf was Sie achten müssen. Sie werden mögliche Gefahrenquellen viel früher erkennen, Ihre allgemeinen Zweifel und Ihr prinzipielles Misstrauen werden jedoch verschwinden, weil es keinen Grund mehr dafür gibt.

Vertrauen ist die Basis für Zufriedenheit

Vertrauen ist die Grundlage für jedes erfolgreiche Handeln. Viele Menschen gehen Problemen allerdings lieber aus dem Weg und versuchen so ihr Ziel zu erreichen. Doch jedes Ausweichen bedeutet, in eine falsche Richtung zu gehen. Das ist Energieverschwendung. Stellen Sie sich also lieber vor: Alles ist möglich! Sie werden sehen, wenn Sie sich etwas vorstellen können, ist es viel leichter zu realisieren. Genauso ist es mit dem Vertrauen. Ohne Vertrauen werden Sie sich immer nur Bestätigungen für Ihre Zweifel holen.

Und vertraut man Ihnen?

Menschen, die etwas erreichen wollen, sind darauf angewiesen, dass man ihnen vertraut. Nur dann können sie andere Menschen – mit Aussicht auf Erfolg – bitten, sie bei ihrem Weg zu unterstützen. Ein Gradmesser für Vertrauen ist die Verlässlichkeit. Viel zu oft machen wir die Erfahrung, dass zwischen dem, was Menschen sagen, und dem, was sie tun, ein Unterschied besteht. Und auch wenn es nur Kleinigkeiten sind – zum Beispiel einen Anruf zu einer bestimmten Zeit anzukündigen, aber nicht auszuführen –, schüren sie Misstrauen.

Wer kein Urvertrauen hat, kann kein Selbstvertrauen entwickeln

Urvertrauen kann man am besten mit dem grenzenlosen Vertrauen eines Kleinkindes vergleichen. Es ist das Gefühl, das einem nichts passieren kann. Das Gefühl zu haben, dass es das Schicksal gut mit einem meint. Wer dieses Gefühl nicht mehr hat, sollte sich in Erinnerung rufen, was ihm Gutes in seinem Leben widerfahren ist, in wie vielen Situationen er schon einen »Schutzengel« hatte. Dieses Gefühl ist wichtig für die Entwicklung des Selbstvertrauens, das auf ausgeglichener, innerer Harmonie beruht.

Auch das Vertrauen in die eigenen Fähigkeiten ist wichtig. Das bekommt man aber nur, wenn man diese Fähigkeiten einsetzt. Wer Dinge immer nur im Kopf tut und nie in die Realität umsetzt, kann kein Selbstvertrauen erlangen.

- Vertrauen Sie sich selbst, vertrauen Sie Ihren Fähigkeiten und Ihrem Weg. Und trauen Sie sich, auch Ihrem Umfeld zu vertrauen. Gehen Sie selbstbewusst durchs Leben.
- Zeigen Sie dieses Selbstbewusstsein. Zeigen Ihren Mitmenschen, dass Sie ihnen vertrauen und nur das Beste von ihnen erwarten.
- Seien Sie zuversichtlich. Vertrauen Sie immer darauf, dass

Sie das, was Sie möchten, auch schaffen und dass Sie von Ihren Mitmenschen beste Leistung und absolute Verlässlichkeit erwarten können. Natürlich werden Sie manchmal enttäuscht sein. Doch eine Enttäuschung ist das »Ende einer Täuschung«.

- Vertrauen geben! Seien Sie Ihrem Umfeld, Ihren Mitmenschen ein verlässlicher Partner. Wenn Sie etwas ankündigen, dann setzen Sie es auch in die Tat um oder Sie stehen dazu, wenn sich etwas an den Voraussetzungen ändert.

Wenn Sie die beiden Teile des Gesetzes des Vertrauens anwenden, werden Sie etwas sehr Überraschendes feststellen: Mit dem nötigen Vertrauen in sich selbst und sein Umfeld, mit der Zufriedenheit und dem sicheren Gefühl, dass einem seine Mitmenschen ebenso vertrauen, erreicht man einen widerstandslosen Zustand, der die innere Führung durch Intuition und Gefühl erlaubt. Und nur in einem solchen Zustand verfügt man über die nötige Sicherheit und Ausstrahlung, um auf sein Umfeld im gewünschten Sinne einwirken zu können. Sie werden feststellen, dass viele Dinge plötzlich leichter gehen.

6. Das Gesetz der Wirklichkeit: Sich ehrlich für andere interessieren – und sie verstehen

Nur weil zwei Menschen die gleiche Sprache sprechen, heißt das noch lange nicht, dass sie sich auch verstehen. Für ein Missverständnis braucht es nicht viel: ein falsch gewähltes Wort, eine fehlinterpretierte Betonung, eine unangemessene Tonlage. Wenn Menschen in Streit geraten, dann wird häufig argumentiert: »Das habe ich nicht gesagt« oder zumindest »So habe ich es nicht gemeint.« Das liegt schlicht daran, dass es für ein und dieselbe Wortwahl unterschiedliche Interpretationsmöglichkeiten gibt – und ein dementsprechendes Potential für Missverständnisse.

Es geht hier aber nicht um die Wortwahl allein. Ich behaupte: Es gibt auch mehrere Wirklichkeiten. Jeder Mensch hat seine eigene, das Produkt aus Erfahrung, Wissen und Prägung – und auch viel kurzfristiger bestimmt durch Launen, Gedanken und optische Impulse. Die Wahrnehmung der Wirklichkeit ist nicht objektiv, sondern individuell. Das stellen beispielsweise Polizisten bei Zeugenvernehmungen immer wieder fest: Drei Leute erzählen drei verschiedene Geschichten zu ein und demselben Vorfall. Keiner macht es absichtlich, keiner lügt – nur hat jeder das Geschehene eben anders wahrgenommen.

Wenn wir ein Wort missverstehen, wissen wir oft spontan, dass der andere es nicht so gemeint hat. Trotzdem können wir uns eines gewissen Argwohns nicht erwehren. Die Situation schaukelt sich auf. Das ist ein Teil unserer Wirklichkeit, nicht der unseres Gegenübers.

Immer wieder kommt es zu schwerwiegenden Irrtümern, die die Kommunikation, das Verstehen und das Miteinander schwierig gestalten. Natürlich spielen sich unterschiedliche Wirklichkeiten in sehr feinen Nuancen ab. Doch deswegen sind sie nicht weniger bedeutungsvoll. Es stellen sich nun die Fragen, wie man die verschiedenen Wirklichkeiten der einzelnen Menschen erkennen und darauf eingehen kann, um Missverständnisse in Zukunft zu vermeiden, und ob die Möglichkeit besteht, seine eigene Wirklichkeit und damit sein eigenes Denken, seine eigene Persönlichkeit bewusst in die gewünschte Richtung zu steuern.

Erfahrungen prägen die Wirklichkeit

Alle Erfahrungen, die wir sammeln, und Erlebnisse, die wir haben, werden als Informationen in unserem Gehirn gespeichert – ebenso wie die Festplatte eines Computers Daten speichert. Wirkt nun ein Reiz auf uns ein, der an die bereits »gespeicherte«

Information erinnert, wird ein automatisches Programm abgespult. Uns übermannen, ohne dass wir uns dagegen wehren könnten, die gleichen Gefühle, Gedanken und körperlichen Reaktionen wie bei der ersten Aufzeichnung dieser Erfahrung. Diese sind dann unsere Wirklichkeit. Je öfter eine Datei abgespielt wird, umso tiefer werden unsere Gefühle, umso intensiver unsere körperlichen Reaktionen und umso »verbohrter« unsere Gedanken.

Nehmen wir aber nun an, dass nur zehn Prozent aller Erfahrungen und Erlebnisse bei den Menschen individuell sind, bekommen wir eine Ahnung davon, wie viele verschiedene Wirklichkeiten es gibt! Dann wissen wir plötzlich, wodurch die Probleme in der Kommunikation und im Miteinander der Menschen entstehen.

Versteh' mich!

Das Patentrezept für den richtigen Umgang mit anderen und auch den eigenen Wirklichkeiten heißt schlicht und ergreifend: verstehen!

Sie wissen nun, dass der Grund für Missverständnisse darin liegt, dass Ihr Gegenüber eine andere Wirklichkeit hat und somit Ihre Aussage oder Handlung eine andere Wirkung hat als erwünscht. Daher kommt es bei Ihrem Gegenüber auch zu anderen Gefühlen, zu anderen Gedanken, zu einem anderen Verstehen als bei Ihnen, für das er aber nicht bewusst verantwortlich ist. Das zu erkennen, vermeidet ein »Hochschaukeln« der Situation.

Sie können auch versuchen, nachzuvollziehen, worin die Reaktion Ihres Gegenübers begründet ist. Fragen Sie ihn offen, was ihn zu seiner Handlung oder Aussage bewegt hat. Aber so reflektiert, das zu erkennen, sind nur wenige. Deshalb stößt dieser Weg meist schnell an seine Grenzen.

Passen Sie sich daher vielmehr der Wirklichkeit Ihres Mitmenschen an. Versuchen Sie nachzuvollziehen, was seine »Wirklichkeit« ist. Je länger Sie dies praktizieren, umso leichter wird es Ihnen fallen, die Gedankenabläufe und Handlungen Ihrer Mitmenschen nachzuvollziehen und zu verstehen. Je mehr Verständnis Sie aufzubringen vermögen, desto harmonischer und erfolgreicher sind Ihre Gespräche.

In brenzligen Situationen ist es oft besser, weniger zu sagen und mehr zu fragen. Denn wer Fragen stellt, erfährt mehr als jemand, der ständig von sich und seinen Interessen spricht. Um Ihre Mitmenschen und deren Wirklichkeiten verstehen zu können, müssen Sie viel von ihnen wissen.

Nur wenn Sie in der Lage sind, die Wirklichkeiten Ihrer Mitmenschen zu erkennen, zu verstehen und darauf einzugehen, werden Sie auch in der Lage sein, mit den meisten Menschen sehr gut auszukommen. Sie können die Dinge, die Ihnen wirklich wichtig sind, wesentlich leichter erreichen und werden sich wohler fühlen.

Menschen, die stur in ihrer eigenen Wahrheit und Wirklichkeit verharren, wirken mit der Zeit sehr starr, weil sie nichts anderes als ihre eigene Realität akzeptieren und alles andere verurteilen. Wer nur seine eigene Realität akzeptiert, ist nicht lernfähig. Akzeptieren Sie stattdessen, dass Sie nur einen kleinen Aspekt der Wirklichkeit kennen, und interessieren Sie sich für andere Wirklichkeiten. Wenn Sie dies tun, werden Sie feststellen, dass eine völlig neue Atmosphäre entsteht. Verständnis und Toleranz entwickeln sich plötzlich von allein. Dadurch werden Sie offener, flexibler, lernfähiger, leistungsfähiger und auch zufriedener.

- Es gibt nicht nur eine Wirklichkeit – jeder Mensch hat seine eigene, und weil jeder an seiner Wahrnehmung festhält, kommt es zu so vielen Missverständnissen.
- Verstehen ist der Schlüssel zur Akzeptanz anderer Wirklichkeiten. Dadurch bereichern Sie das eigene Leben und die eigene Wirklichkeit.

7. Das Gesetz der Anpassung: Nicht mitschwimmen oder mitreißen lassen, sondern stets bewusst entscheiden!

Sie haben jetzt schon so viel von Eigenverantwortung, starkem Willen und Mut zum Handeln gehört, dass allein das Wort *Anpassung* als Widerspruch dazu erscheint. Zwar lautete die Botschaft: Geradlinig sein, sich selbst treu bleiben, aufrichtig und ehrlich handeln! Doch auf Ihrem Weg zum Erfolg werden Sie auch die Erfahrung machen, dass das allein nicht genügt.

Es gilt je nach Situation abzuwägen, ob Individualität oder Anpassung gefragt ist. Was in einer Situation unvorteilhaft, anbiedernd oder gar verlogen ist, kann in einer anderen für alle gewinnbringend und ehrlich sein. Nicht leicht, aber genau diese Flexibilität ist das Wesentliche beim Gesetz der Anpassung.

Der Weg ist das Ziel

Bei der Verwirklichung der persönlichen Ziele gilt, dass Anpassung nur dann erlaubt ist, wenn sie dem Erreichen der Ziele dient. Niemals aber darf man sich anpassen, indem man seine Ziele, seinen Weg vernachlässigt.

Es entspricht dem Grundprinzip einer Gesellschaft, dass sie nur dann funktioniert, wenn Spielregeln und gewachsene Strukturen eingehalten werden. Andererseits: Wer immer nur das denkt, was alle denken, wer immer nur das sagt, was alle sagen, wird auch nur das bekommen, was alle haben, und das sein, was alle sind.

Wenn wir das Maximum erreichen möchten, müssen wir mit unserem Handeln eine verbesserte Situation, ein Optimum anstreben. Der Handlungsspielraum ist durch Verfügbarkeit von Raum und Ressourcen, aber vor allem durch soziale Zwänge begrenzt. Individualität in einer Gesellschaft ist nur dann möglich, wenn man eine Nische besetzt, denn die Gesellschaft nimmt nicht unbedingt Rücksicht auf das Individuum. Denken wir an die Bedingungen in der Berufswelt: Zufriedenheit in seinem Beruf wird der haben, der eine berufliche Nische findet, die seinen Interessen und Fähigkeiten entspricht und in der er seine Ideen und Ziele verwirklichen kann – das heißt eine Nische, in die er als integraler Bestandteil eingepasst ist.

Das Gesetz der Anpassung verlangt zweierlei, wenn wir in der bestehenden Gesellschaft erfolgreich sein wollen:

- dass wir uns die gegebenen Bedingungen und Spielregeln bewusst machen und, soweit wir dies für zielführend halten, uns ihnen anpassen;
- dass wir den Menschen, die wir motivieren bzw. führen möchten, genügend Unterstützung geben, damit sie sich an unsere vorgegebenen Bedingungen anpassen können.

Der erste Punkt beinhaltet eine wesentliche Forderung: Anpassung sollte die bewusste und kalkulierte Entscheidung sein, wann und inwieweit man sich wem und was anpasst. Das trennt die »Anführer« von den »Mitläufern«.

Der Prozess der Umsetzung, der Durchsetzung von Ideen in der Gesellschaft, hängt dabei immer in erster Linie von der Fokussierung ab. Das »angepasst sein« ist also Mittel zum Zweck, um neue Ideen und Ziele entwickeln zu können. Und deshalb ist es unerlässlich, die richtige Mischung zwischen den beiden Polen »mit der Gesellschaft gehen« und »der Gesellschaft vorausgehen« zu finden. Es werden nur diejenigen Ideen in die Gesellschaft einbringen und langfristig durchsetzen können, die die grundlegenden Spielregeln kennen.

Das klingt einfach, ist aber tückisch: Mit jeder Anpassung überlässt man den anderen ein Stück der Führung. Doch dies ist auch nötig, da ein Zusammenspiel der Gesellschaft, und somit auch ein Zusammenspiel der einzelnen Individuen, für die persönliche Weiterentwicklung wichtig ist. Entscheidend ist, in allen Situationen die Anpassung so zu wählen, dass es dem eigenen Weg und der eigenen Entwicklung dienlich ist und niemals das Ziel außer Acht lässt.

Bewusst entscheiden

Anpassung muss stets eine freie, bewusste Entscheidung sein: Ich passe mich an, weil es aus diesem und jenem Grund sinnvoll ist. Es ist nicht sinnvoll, aus reiner Lust am Widerspruch dagegen zu sein. Stattdessen sollte man bewusst sagen: »In diesem Punkt bin ich unangepasst, weil ich vorangehe, weil ich meine eigene Wirklichkeit vertrete.«

- Anpassung und Individualität sind keine Charaktereigenschaften und auch nicht von Dauer, sondern konkrete Werkzeuge, um etwas zu erreichen. Beides ist gleich wertvoll, gleich gehaltvoll. Sowohl mit Anpassung als auch mit Nichtanpassung kann etwas erreicht werden.
- Grundlegend ist, dass die Entscheidung, ob man sich anpasst oder nicht, ganz bewusst und von Situation zu Situation neu getroffen wird. Man sollte sich nie einfach »mitreißen« lassen, sondern nüchtern überlegen: »Was bringt es mir, mich jetzt anzupassen, und was bringt es mir, mich jetzt bewusst nicht anzupassen?«
- Anpassung ist Mittel zum Zweck – ein Instrument, mit dem man sein Umfeld und seine Mitmenschen konkret beeinflussen kann.
- Gesteuerte Anpassung durch gezielte Anerkennung eines anderen Menschen erweckt Sympathie und führt in der Konsequenz zu einer Übereinstimmung von Meinungen, die wiederum das Erreichen des persönlichen Ziels erleichtert.

8. Das Gesetz der Führung: Authentisch sein – immer und überall!

Viele Führungspersönlichkeiten sind sich nicht bewusst, welche Signale sie aussenden. Sie unterstellen, dass aufgrund ihrer Präsenz etwas passiert, und sie sind froh, wenn es gut läuft, weil sie es dann als ihren Erfolg verbuchen können.

Es gibt unterschiedliche Typen von Führungskräften: Für die einen ist ihr Job reine Schauspielerei. Sobald sie das Büro verlassen, sind sie Privatleute und üben keinerlei Führungsrolle mehr aus. Andere Führungskräfte zehren von geliehener Autorität. Sie verhalten sich kumpelhaft, indem sie beispielsweise sagen: »Ich habe leider die Anweisung bekommen, euch mitzuteilen, dass ihr das tun müsst.« Das zeugt von geringem Selbstbewusstsein und hat mit echter Führung wenig gemein.

Eine echte Führungspersönlichkeit muss Führung leben. Nur dadurch gewinnt sie die nötige Ausstrahlung, das Charisma und das Selbstbewusstsein, um auch Anerkennung zu erreichen. Führung leben aber heißt, dass man die Botschaft vermitteln muss: Die Führungspersönlichkeit bin ich – zuverlässig, offen, fair, ehrlich, innovativ und noch viel mehr.

Kompetent führen

Persönlichkeiten mit Führungsqualitäten zeichnen sich dadurch aus, dass sie in der Lage sind, Widerstände oder Motivationskrisen bei den Mitarbeitern zu erkennen und diesen Entwicklungen aktiv entgegenzuwirken. Neben der sachlichen Kompetenz ist auch emotionale Kompetenz gefordert.

Führen setzt also Handeln voraus. Wer emotionale Krisen und Widerstände bei seinen Mitarbeitern erkennt und bereit ist, diese aktiv zu überwinden, und wer seine gesetzten Ziele auch bei Rückschlägen nicht aus den Augen verliert, dem wird die Rolle einer Führungspersönlichkeit zuerkannt.

Bei alledem dürfen wir jedoch nicht vergessen, dass wir auch selbst geführt werden – zum einen durch andere Menschen und zum anderen von den eigenen Gewohnheiten.

Die Macht der Gewohnheit

Unsere Gewohnheiten sind es, die uns in den meisten Bereichen unseres Lebens »führen«. Denken Sie einmal darüber nach, was

Sie alles aus reiner Gewohnheit tun. Sie werden überrascht sein. Diese Gewohnheiten machen Sie zu dem, was Sie sind.

Nun kann diese Erkenntnis zunächst frustrierend erscheinen, weil sie verdeutlicht, wie sehr wir durch Mechanismen gesteuert sind. Das Verstehen dieses Prinzips eröffnet aber auch eine gewaltige Chance: Jeder, der das möchte, kann sich durch das bewusste Festlegen seiner Gewohnheiten selbst führen!

Wer also an seiner Persönlichkeit feilen will, muss seine Gewohnheiten ändern. Dabei genügt es nicht, sich das nur vorzunehmen. Vielmehr muss man sich jeden Tag damit gedanklich beschäftigen und das über Wochen und Monate hinweg. Bisweilen dauert es bis zu einem Jahr, bis eine alte Gewohnheit einer neuen weicht. Erst dann wird sich das gewünschte Verhalten automatisieren.

Bewusst führen

Jedes Führen ruft in der Gesellschaft kleinere oder größere Widerstände hervor. Dies geschieht automatisch überall dort, wo verschiedene Ziele und Interessen aufeinandertreffen. Durchsetzen werden sich jene Ideen und Vorstellungen, die von Menschen vertreten werden, die jederzeit bereit sind, sachlich und konsequent, aber bei Bedarf auch sehr emotional ihre Positionen zu vertreten.

Eine Handlung ist immer Ursache für weitere Handlungen. Es kann keine Ursache ohne Wirkung geben, und keine Wirkung ergibt sich ohne Ursache.

- Die Führung nur als Teilzeitjob zu sehen und Ihr Denken, Ihr Verhalten und Ihre Persönlichkeit dementsprechend Ihren Führungsaufgaben anzupassen, ist der falsche Weg. Führung muss gelebt werden.
- Den Erfolgsweg zu gehen heißt, im Orchester nicht Resonanzkörper, sondern Dirigent zu sein, bei dem jede Bewegung einen bestimmten Ton hervorruft. Nur wer handelt,

bewirkt Reaktionen und kann so vorangehen und die Führung übernehmen.
- Wer die nötigen fachlichen und sozialen Qualifikationen besitzt, wird als Führungspersönlichkeit anerkannt.
- Nur wenn Sie Ihre gewünschte Persönlichkeit leben, werden sich die entsprechenden Gewohnheiten herausbilden. Sie werden selbstsicherer, Ihre Ausstrahlung und Glaubwürdigkeit nehmen zu. Das ist es, was eine wirkliche Führungspersönlichkeit von künstlichen Autoritäten unterscheidet.

9. Das Gesetz des Ausgleichs: Gib so viel, wie du nehmen willst – nimm so viel, wie du geben willst!

In der Natur ist alles in einem ständigen Fluss begriffen, einem Kreislauf der Entwicklung, dessen Elemente sich gegenseitig bedingen und voranbringen. Der Mensch ist Teil dieses Systems, und das Prinzip des Ausgleichs ist folglich Teil unseres Daseins. Für alles, was genommen wird, muss auch etwas gegeben werden, und umgekehrt.

Dies bedeutet, dass man tatsächlich alles vom Leben haben kann, aber – und das wird leider meistens vergessen – man muss auch den gerechten Preis dafür zahlen und vor allem in der Lage sein, ihn auch zahlen zu können.

Ein Beispiel: Beschließen Sie, der beste Außendienstmitarbeiter Ihrer Firma zu werden, so können Sie dies mit Sicherheit erreichen. Ihnen muss nur der Preis dafür bewusst sein: viel im Auto unterwegs, fast nie zu Hause, ständige Weiterbildung, keine Zeit für zwischenmenschliche Beziehungen oder Hobbys und ständig unter Druck.

Sind Sie nicht bereit, diese Gegenleistung zu erbringen, oder können Sie dies nicht, weil Sie zum Beispiel bereits eine Familie haben, so sind Sie nicht in der Lage, den Preis zu zahlen. Dieses Prinzip lässt sich auf alle Lebensbereiche übertragen.

Natürlich gibt es Ausnahmen, die die Regel bestätigen und über die wir Grundsatzdiskussionen führen könnten. Doch die Regel ist, dass immer, wenn etwas nicht funktioniert oder wir vom Leben etwas, was wir uns doch so sehr wünschen, nicht erhalten, wir einfach nicht die gerechte Gegenleistung dafür erbracht haben.

Fragen Sie sich daher bei Ihrer nächsten Zielplanung nicht nur nach Ihren Wünschen, sondern fragen Sie auch nach der Gegenleistung, die Sie dafür erbringen müssen. Denn nur wenn Ihnen klar ist, was Sie die Erreichung Ihres Zieles kostet, und Sie diesen Preis bezahlen wollen, wird Ihr Weg von Erfolg gekrönt sein.

Bewertung kostet Energie

Das Verstehen dieser Wechselbeziehung sollte auch dazu führen, sie zu akzeptieren und auf negative Bewertungen zu verzichten. Denn jede Bewertung kostet Kraft und Energie, und ohne Veränderung bleibt sie sinnlos. Prüfen Sie Ereignisse und Optionen lediglich daraufhin, ob Sie zu Ihrem Weg passen. Wenn dies der Fall ist, verstärken Sie sie und freuen Sie sich über den positiven Verlauf. Wenn Entwicklungen eintreten, die nicht zu Ihrem persönlichen Weg passen, so prüfen Sie, ob Sie diese beeinflussen können. Vielleicht lassen sie sich korrigieren. Falls nicht, akzeptieren Sie diese Entwicklungen einfach und richten Sie sich entsprechend darauf ein.

Überlegen Sie einmal, wie viele Dinge in Ihrem Leben passiert sind, die Sie zunächst negativ bewertet haben und von denen Sie heute wissen, dass sie positiv waren. Umgekehrt gibt es sicherlich auch vieles in Ihrem Leben, das Sie damals glücklich gemacht hat und von dem Sie heute sagen: »Das hätte ich mir auch schenken können.« Ganz ohne Zweifel und negative Gedanken geht es nicht, diese dürfen aber nicht in eine Negativspirale münden.

Mehr Toleranz

Erinnern Sie sich an das »Fehlerspiel« und die Feststellung, dass es klüger ist, aus diesem auszusteigen? Wir unterlassen es künftig, den anderen ungefragt auf Fehler aufmerksam zu machen. Beim Gesetz des Ausgleichs muss es definitionsgemäß zwei Pole geben. Was mir nicht gefällt, gefällt dem anderen; was dem anderen nicht gefällt, gefällt mir. Das erfordert Toleranz gegenüber anderen Menschen und ihren Meinungen. Nur so sind Ideen und Vorstellungen gesellschaftlich durchsetzbar. Jeder sollte sich der Toleranz gegenüber dem anderen verpflichtet fühlen, ebenso kann man auch Toleranz gegenüber den eigenen Ideen erwarten.

10. Das Gesetz des Wachstums: Schritt für Schritt zum Ziel

Alles braucht seine Zeit! Obwohl diese Regel so einfach ist, wird sie in den meisten Fällen missachtet. Und genau dieser Fehler bewirkt, dass viele Menschen, die ansonsten alles richtig machen, niemals wirklich erfolgreich werden.

Nehmen wir zwei Personen, die versuchen, ihre Ziele ganz unterschiedlich zu erreichen:

Der eine hat sein Ziel klar vor Augen, tut jeden Tag alles, was notwendig ist, und hat damit mal mehr und mal weniger Erfolg. Er ist stets mit Freude und Elan bei der Sache und verrichtet ruhig und gelassen all jene Tätigkeiten, die dem Erreichen des Zieles dienen. Manchmal gibt es Durststrecken, die die Frage aufwerfen, ob das gesteckte Ziel jemals erreicht wird. Aber er macht sich keine Gedanken darüber und arbeitet einfach weiter.

Der andere hat auch ein Ziel vor Augen, arbeitet täglich hart und lange daran, voranzukommen. Ständig nimmt er Korrekturen vor. Erbringt ein Weg nicht den gewünschten Erfolg, so wird sofort eine neue Chance wahrgenommen und ein anderer Weg ausprobiert. Mit höchstem Einsatz und Flexibilität versucht er, das Ziel zu erreichen. Und selbstverständlich probiert er mehrere Wege gleichzeitig aus, um den richtigen nicht zu verpassen.

Welcher unserer beiden Charaktere wird erfolgreicher sein? Nicht derjenige, der immer mehrere Eisen im Feuer hat. Es ist nämlich ein weitverbreitetes Missverständnis, dass es gut sei, sich mehrere Optionen offenzuhalten.

Genau das Gegenteil ist der Fall. Es ist wichtig, sich auf eine einzige Sache zu konzentrieren und genügend Geduld aufzubringen. Leider ist diese bei den meisten Menschen nicht sehr ausgeprägt. Kommen beide Faktoren, mangelnde Konzentration auf ein Ziel und fehlende Geduld, zusammen, sind Wachstum und somit Erfolg offensichtlich gefährdet. Jede Entwicklung verläuft in einzelnen Schritten und nicht kontinuierlich.

Von der Euphorie zur Kontinuität

Meistens beginnen wir eine Sache euphorisch und werden unzufrieden, wenn es nicht so schnell vorangeht wie gedacht. Durch diese Unzufriedenheit verlängert sich jeder Weg zum Ziel, und das Warten bis zum nächsten Sprung auf unserer Erfolgsleiter zieht sich unerträglich in die Länge.

Unsere Entwicklung vollzieht sich schrittweise. Zwischen diesen Schritten liegen jene Intervalle, in denen ein vollzogener Leistungssprung gefestigt und neues Potential für den nächsten aufgebaut werden muss. Immer wieder geben Menschen knapp vor Erreichen ihres Zieles auf, nur weil sie nicht erkennen, dass die Phase, die sie als erfolglos empfinden, notwendig ist, um sich zu stabilisieren und den nächsten Erfolgssprung vorzubereiten.

Das Geheimnis, das dem Gesetz des Wachstums zugrunde liegt, lautet daher: Haben Sie Geduld und bleiben Sie beharrlich. Erfolg braucht seine Zeit.

Nur durch ständige Wiederholung einer Tätigkeit erreicht diese eine immer höhere Qualität, und damit kommt man dem gesetzten Ziel automatisch näher. Nicht sinnvoll ist es hingegen, nach anderen Wegen zum Erfolg zu suchen. Auch auf diesen werden ungeduldige Menschen nicht lange genug durchhalten, um das Gewünschte zu erreichen.

Diese schrittweise Entwicklung vollzieht sich als Kette von Erfolgen, Erwartungen und Rückschlägen. Doch nur, wenn Sie nicht zu enttäuscht sind über langsame Fortschritte und nicht resignieren aufgrund von Rückschlägen, können Sie einen Erfolgssprung nach dem anderen erleben und am Ende Ihr gesetztes Ziel erreichen. Das mag zunächst sehr einfach klingen, aber entscheidend ist es, dass die Intensität unserer Handlungen in den »Erfolgspausen« nicht nachlässt. Dies ist der schwierigste Teil einer kontinuierlichen Entwicklung. Wir müssen auch in den Phasen, in denen keine Aufwärtstendenz bemerkbar ist, den absoluten Willen haben, unser Ziel zu erreichen, und unseren Einsatz stets auf dem gleichen hohen Niveau halten.

Geduld und Beharrlichkeit

Um es kurz zu fassen: Jeder, der nur lange genug das Gleiche tut, wird darin immer besser werden und schließlich erfolgreich sein.

Und noch etwas ist für Ihre positive Entwicklung sehr wichtig: Prüfen Sie jedes Mal, wenn Sie ein Erfolgserlebnis haben, ob das Erreichte tatsächlich Ihrem vorgegebenen Ziel entspricht und ob es gesellschaftlichen Normen nicht widerspricht, damit Sie keinen Gegenwind heraufbeschwören. Dabei ist Ihre Bereitschaft gefragt, etwas, das Sie als ungeeignet oder falsch erkannt haben, zu verwerfen und zurückzunehmen. Auf einen kurzfristigen Erfolg zu verzichten mag zwar als Rückschlag empfunden werden, bildet aber womöglich die Grundlage für einen größeren Wachstumssprung.

Sicher zum Erfolg

Bei kontinuierlichem und gleichmäßigem Wachstum stellt sich ein Gefühl der Sicherheit und Selbstbestätigung ein, das uns die Kraft für unsere Weiterentwicklung gibt. Nur gleichmäßiges und kraftvolles Wachstum ist von Dauer und verleiht die Stärke, die man braucht. Denken Sie daran: Der eine wird schneller erfolgreich sein, der andere langsamer. Aber schließlich stellt sich bei jedem der Erfolg ein, wenn er nur lange genug immer wieder das Gleiche mit gleichbleibender Intensität tut.

11. Das Gesetz der Verteidigung: Das Ich streichen – das Wir denken

Auf Ihrem Weg werden Sie immer wieder auf Menschen treffen, die andere Interessen haben als Sie. In solchen Situationen kann es zu Interessenskonflikten kommen. Dabei sollte Ihr Ziel sein, sich einen Vorteil zu verschaffen, ohne dem anderen zu schaden.

Im Konfliktfall sollte man deshalb stets das eigene Ziel vor Augen haben und nie das persönliche Befinden. Weder Ihres noch das des Gegenübers. Persönliches Befinden ist meist störend, wenn es um eine sachliche Auseinandersetzung geht und eine adäquate Lösung angestrebt wird. Lassen Sie die persönliche Ebene außen vor, denn sonst wird es Ihnen kaum gelingen, eine vorteilhafte und dauerhafte Lösung herbeizuführen.

Solange ein Interessenskonflikt sachlich analysiert und ausgetragen wird, lässt sich in der Regel rasch eine Lösung finden. Auf vier Punkte kommt es an:

- Achten Sie immer darauf, dass Ihr Gegenüber sein Gesicht wahren kann.
- Überzeugen Sie Ihren Kontrahenten, dass Sie bei dem angestrebten Kompromiss mehr verlieren als er.
- Überzeugen Sie Ihren Kontrahenten, dass er bei dem angestrebten Kompromiss mehr gewinnt als Sie.

- Überzeugen Sie Ihren Kontrahenten, dass er ohne diesen Kompromiss mehr verlieren würde.

Diese »FDP-Strategie« (»Four Defense Points«), wie ich sie nenne, lässt Sie auch im größten Konflikt immer eine brauchbare und annehmbare Lösung finden – sofern es um Inhalte geht und Sie den Konflikt sachlich lösen wollen.

Doch in der Praxis ist es leider selten so einfach, da in 90 Prozent aller Konflikte Emotionen mit im Spiel sind. Dann wird zwar vordergründig sachlich kommuniziert, die entscheidende Rolle aber spielen die Gefühle.

Versuchen Sie Konflikte nicht so zu lösen, dass Sie es anderen recht machen. Achten Sie immer darauf, dass Ihre Konfliktlösungen sachliche Ergebnisse erbringen, mit denen Sie auf Dauer zufrieden sein können.

In Konfliktsituationen wird häufig »aus einer Mücke ein Elefant gemacht«. Das geschieht immer dann, wenn hinter den vermeintlichen Vorwürfen etwas ganz anderes steckt. In diesem Fall gibt es nur zwei Möglichkeiten, das Problem zu lösen:

Entweder finden Sie das wahre Problem heraus, bringen dieses auf eine sachliche Ebene und lösen es nach der »FDP-Strategie«. Oder Sie ignorieren die vermeintlich sachlichen Vorwürfe und reagieren sofort auf der Gefühlsebene.

Die erste Möglichkeit empfehle ich, wenn es um einen Interessenskonflikt geht, der sachlich lösbar ist. Möglichkeit zwei ist meistens die richtige, wenn es um Gefühlsprobleme auf der Beziehungsebene geht.

Was aber tun, wenn der Interessenskonflikt so prinzipieller Natur ist, dass es nur einen Sieger geben kann – wenn beispielsweise zwei Kollegen beim Chef um Beförderung buhlen, aber nur einer gewinnen kann? Dann ist eine Adaption fernöstlicher Kampftechnik zu empfehlen: »Schlagen Sie niemals zu – weichen Sie ständig aus.« Lassen Sie Ihren Kontrahenten ins Leere laufen und verwenden Sie seine Kraft gegen ihn, um die Führung zu übernehmen. Erstens gewinnen Sie so jeden Kampf, zweitens gelingt Ihnen dies, ohne dass Sie jemals jemanden »schlagen« müssten, und drittens haben Sie so zu jedem Zeitpunkt die Möglichkeit, doch noch einen Versuch der Verständigung zu unternehmen.

Immer sportlich nehmen!

Auch wenn Ihr persönlicher Weg noch so erfolgreich sein sollte, wird es gelegentlich unerlässlich sein, sich gegen Angriffe verschiedener Seiten zur Wehr zu setzen. Wir müssen auf störende Einflüsse, die unseren Weg kreuzen, reagieren, um die eventuell notwendigen Korrekturen vorzunehmen.

Nehmen Sie es sportlich! Oberster Grundsatz muss sein, überflüssige Emotionen zu vermeiden. Behalten Sie Ihr Ziel im Blick!

In einer direkten Konfrontation empfiehlt es sich, den »Gegner« zuerst seine negativen Energien abladen zu lassen, ohne sich diese aber zu Herzen zu nehmen. Im zweiten Schritt kann man dann durch gezielte Fragen den Grund der Verstimmung eruieren, die Führung übernehmen und den für eine Lösung geeigneten Weg einschlagen. Dabei gilt es, lediglich die gewünschten Ergebnisse im Blick zu behalten.

In einer indirekten Konfrontation – die sich auch über einen längeren Zeitraum erstrecken kann – ist im Grunde dasselbe Verfahren von Nutzen. Der Unterschied ist, dass die beschriebene Technik mit wesentlich mehr strategischen Mitteln umgesetzt werden kann, zum Beispiel durch Einbindung des Umfelds oder durch Eigenwerbung über die sozialen Netzwerke.

In beiden Fällen empfiehlt es sich, seinen »Gegner« möglichst rasch davon zu überzeugen, dass er sein Ziel, gleich ob materiell oder emotional, erreicht hat (soweit dies mit den eigenen Zielen vereinbar ist), um somit seine negative Energie zu neutralisieren.

Zur Verdeutlichung eine kleine Geschichte: Die österreichischen Generäle haben sich zusammengesetzt und gesagt:

»Wir müssen uns Respekt verschaffen. Wir müssen der Welt wieder einmal zeigen, dass es Österreich auch militärisch noch gibt. Was machen wir?« Sie überlegen eine Zeit lang, dann kommt die rettende Idee: »Wir beginnen einen Krieg! Aber wem erklären wir den Krieg?« Sie überlegen wieder eine Zeit lang – Deutschland! »Nein, Deutschland ist unser Nachbar, dann machen die hier keinen Urlaub mehr, das ist nicht gut. Italien! Nein, in Italien geht es sowieso drunter und drüber, die merken den Krieg überhaupt nicht, das ist auch nicht gut.«

Dann hat einer die Idee und sagt: »China! China ist gut! Das verschafft Respekt. China ist groß und stark, und außerdem ist China weit weg. Wir erklären China den Krieg!« Gesagt, getan. Die österreichischen Generäle schicken ein Fax an China: »Kriegserklärung: Haben 10 000 Mann, 100 Panzer, 10 Hubschrauber.« Eine Stunde später kommt die Antwort aus China: »Kriegserklärung angenommen. Haben 10 000 000 Mann, 100 000 Panzer, 50 000 Hubschrauber.«

Die österreichischen Generäle überlegen, dann schicken sie ein Fax zurück: »Kriegserklärung zurückgenommen, kein Platz für Kriegsgefangene. – Laden Sie aber gerne zum nächsten Kongress ein.« Das ist Ausweichen und die Führung übernehmen.

Retourkutsche? Nein, danke!

Wir sind oft verleitet, uns stärker zu verteidigen, als zu unserem Schutz notwendig wäre. Wir möchten dem anderen auch gleich eine Retourkutsche verpassen. Damit ist der nächste Konflikt schon vorprogrammiert. Relativ sinnlos, oder?

- Interessenskonflikte dienen dazu, sich selbst einen Vorteil zu verschaffen. Man sollte sie sachlich und nicht emotional betrachten.
- Einen solchen Konflikt persönlich zu nehmen verschließt die Möglichkeit, eine vorteilhafte und vor allem dauerhafte Lösung herbeizuführen.

- Das Allerwichtigste in jeder Konfrontation: Lassen Sie Ihr Gegenüber sein Gesicht wahren!
- »Schlagen Sie niemals zu – weichen Sie ständig aus.« Lassen Sie Ihre Kontrahenten ins Leere laufen. Sie gewinnen so jeden Kampf und haben dennoch die Möglichkeit einer Verständigung.

12. Das Gesetz des Nutzens: Zuerst geben – dann nehmen!

Nun kennen Sie alle Gesetze von der Verantwortung über die Führung von Mitmenschen bis zur Verteidigung des erreichten Ziels. Sie konzentrieren sich auf Ihren Weg und haben Ihr Ziel im Blick. Ihre Gedanken kreisen ständig um das, was Sie erreichen wollen. Und genau deshalb werden Sie nie so erfolgreich sein, wie Sie es möchten.

Erstaunlich? Nein, im Gegenteil: ganz klar! Denn nun kommt das Gesetz des Nutzens zum Tragen. Es ist das Gesetz, das dafür sorgt, dass Sie alles, was Sie in den vorherigen elf Gesetzen gelernt haben, auch richtig zur Anwendung bringen. Das Gesetz des Nutzens ist – nachdem Sie die anderen elf Gesetze beherrschen – der Schlüssel zu dem, was Sie wollen. Und sein Geheimnis lautet: Sie müssen mit allem, was Sie können und wissen, Nutzen bieten! Es kann nichts funktionieren, wovon nur einer profitiert. Es ist unmöglich, eine Gemeinschaft zu erzeugen, wenn nicht auch den anderen potentiellen Mitgliedern Vorteile aus diesem Zusammenspiel erwachsen. Das Gesetz des Nutzens bedeutet, dass bei allen Zielen und auf allen Wegen – neben der Fixierung auf das Ziel und den Weg – die Hauptfrage sein muss: »Welche Menschen erlangen aufgrund meines Weges welche Vorteile, und zu welchem Zeitpunkt und auf welche Weise können diese Menschen in den Genuss dieser Vorteile kommen? Wie groß ist der Aufwand, den diese

Menschen betreiben müssen, um in den Genuss der Vorteile zu kommen?«

Erst wenn diese Frage so beantwortet ist, dass man selbst gerne bereit wäre, mit einem dieser Menschen zu tauschen, und man guten Gewissens annehmen kann, dass dies auch die betreffenden Menschen so sehen, ist die Grundlage für einen erfolgreichen Weg gelegt. Jeder Erfolg ist abhängig vom Nutzen der anderen.

Vom Geben und Nehmen

Jeder Mensch will seine Wünsche verwirklichen, jeder Mensch ist sich selbst der Nächste. Doch wenn man nur auf sich achtet, kann keiner etwas bekommen, denn sobald jemand etwas erhält, muss auch jemand etwas geben. Macht sich aber niemand Gedanken darüber, was er geben kann, so erhält auch niemand etwas.

Aus diesem Grund ist es zwar wichtig, dass Sie wissen, was Sie erreichen wollen, dass Sie Ihr Ziel kennen und den Weg dorthin verfolgen, aber Sie sollten sich auch fragen, was Sie dem Menschen, von dem Sie etwas möchten, bieten können.

Jeder kennt einen Arbeitnehmer oder Kollegen, der sich ständig nur die eine Frage stellt: »Wie kann ich noch mehr aus dem Unternehmen herausholen, wie am besten meinen Urlaub planen, wie eine Gehaltserhöhung erreichen …« und dabei ausschließlich an sich denkt, aber nicht viel Zeit mit der Überlegung vergeudet, welchen Wert er oder sie für das Unternehmen darstellt.

Entscheidend ist der Nutzen für andere Menschen, weil Sie nur dann Ihre Ziele langfristig erreichen können. Wenn etwas nicht langfristig funktioniert, liegt häufig genau hier etwas im Argen.

Nutzen versus Ausgleich

Um begreifen zu können, wie das Gesetz des Nutzens wirkt, ist es wichtig, uns noch einmal das Gesetz des Ausgleichs vor Augen zu führen: Wo genommen wird, muss auch gegeben werden, und nur wo gegeben wird, kann genommen werden. Geschieht dieser Ausgleich nicht freiwillig, dann wird er vom Leben selbst herbeigeführt.

Und damit ist klar, was das Wesentliche am Gesetz des Nutzens für unsere Ausgeglichenheit, unsere Ruhe und Zufriedenheit ist: Wer ständig nur nimmt, ohne dafür etwas zu geben, und immer nur seinen eigenen Nutzen vor Augen hat, muss sich bewusst sein, dass der vorbestimmte Ausgleich eines Tages ohne sein eigenes Zutun eintritt.

- Es kann nichts funktionieren, wovon nur einer profitiert. Es ist beispielsweise nicht möglich, eine Gemeinschaft zu erzeugen, wenn nicht auch deren anderen Mitgliedern Vorteile aus diesem Arrangement erwachsen.
- Die Hauptfrage muss lauten: »Welche Vorteile erlangen welche Menschen aufgrund meiner Handlungen, zu welchem Zeitpunkt und auf welche Weise, und wie groß ist ihr Aufwand, um in den Genuss dieser Vorteile zu gelangen?« Erst wenn diese Frage so beantwortet werden kann, dass man selbst freiwillig an die Stelle eines dieser Menschen träte, ist das Fundament für einen erfolgreichen Weg gelegt. Dieser Erfolg ist vom Nutzen der anderen abhängig.

KAPITEL 7

SOZIALKOMPETENZ ENTSCHEIDET!

Alle wollen nur das eine!

Beschäftigen wir uns einmal ausschließlich mit Geld und allem, was Sie damit kaufen können. Denn wenn wir ehrlich sind, wissen wir: Geld regiert die Welt und ist die wichtigste Voraussetzung, um ein ruhiges und zufriedenes Leben führen zu können. Ein gefülltes Bankkonto beruhigt ungemein. Es ist also nicht verwerflich, viel Geld haben zu wollen.

Wenn Sie ausreichend Geld haben, können Sie sich ziemlich viele Wünsche erfüllen, zumindest alle, die man mit Geld kaufen kann. Materiell wunschlos glücklich zu sein – ein verlockender Gedanke, oder? Aber wissen Sie eigentlich, was Sie – in materieller Hinsicht – wunschlos glücklich machen würde? Unterstellen wir einmal, dass Sie das wissen. Dann stellt sich die Frage, was Sie dafür tun, um diesen Zustand zu erreichen. Sie haben auf den letzten Seiten gelesen, dass es so etwas wie einen »gerechten Ausgleich« gibt. Was können Sie anbieten, um an den gewünschten Reichtum zu gelangen?

Vermutlich werden Sie nun wie die meisten Menschen spontan antworten: »Ich arbeite hart.« Das möchte ich nicht in Abrede stellen, denn in der Tat arbeiten sehr viele Menschen sehr fleißig für ihr Geld. In ihrem Ehrgeiz gehen sie an die persönlichen Grenzen, vernachlässigen die Familie und bringen ihre Gesundheit in Gefahr. Wenn Sie auch zu diesen Menschen gehören, dann ist Ihnen sicher auch nicht neu, dass das allein nicht genügt.

Leben, um zu arbeiten

Eine landläufige Meinung besagt: »Wer nur hart genug arbeitet und fleißig ist, wird irgendwann dafür belohnt.«

Rechnen wir einmal anhand eines einfachen Beispiels nach, ob diese Weisheit stimmt: Nehmen wir an, Sie arbeiten fünf Tage in der Woche und zwar jeweils acht Stunden. Dann kommen wir auf 40 Stunden wöchentlich und das 52-mal pro Jahr. Damit arbeiten Sie pro Jahr 2080 Stunden und verdienen damit Summe X.

Als Nächstes rechnen Sie sich nun bitte jenen Betrag aus, der Ihnen im Jahr zur freien Verfügung bleibt, nach Abzug von Lohnnebenkosten, Versicherungen, Miete, Auto, Strom, Telefon, Darlehensrück- und Ratenzahlungen, Ausgaben für Lebensmittel, Unkosten für Bekleidung und sonstigen Zahlungen. Diesen Restbetrag dividieren Sie bitte durch die Stundenanzahl, die Sie pro Jahr arbeiten. Jetzt kennen Sie den Stundenlohn, den Sie erhalten, um sich Ihre Zukunft aufzubauen und Ihren Reichtum zu vermehren.

Ich möchte nicht zynisch klingen, frage Sie aber trotzdem, ob die Zeit bis zur Rente ausreicht, um genügend Geld für ein sorgloses Leben zu verdienen.

Wenn Sie mit Ihrem persönlichen Kassensturz zufrieden sind, dann gratuliere ich Ihnen. Wenn Sie aber, wie mindestens 90 Prozent aller Menschen, bestürzt darüber sind, wie wenig zur Verwirklichung Ihrer Zukunftspläne tatsächlich übrig bleibt, dann kommen wir zu der Erkenntnis: Mit harter Arbeit allein können Sie Ihre materiellen Ziele ganz offensichtlich nicht verwirklichen.

Vitamin B ist alles

Man hört immer wieder, dass erfolgreiche Menschen über das nötige »Vitamin B« verfügen. Ohne Beziehungen geht es in unserer Gesellschaft nicht. Wer die richtigen Verbindungen habe, so heißt es, der müsse eigentlich gar nicht mehr viel tun, denn diese beförderten ihn von ganz allein nach oben. Das hieße, dass man sich lediglich genügend gute Kontakte verschaffen müsste, um mit der Zeit erfolgreich und wohlhabend zu sein. Stimmt das? Richtig ist zunächst: Wer darüber nicht verfügt, hat in der Regel kaum Chancen. Man braucht also ein Netzwerk, das einen unterstützt.

Nehmen wir doch einmal an, Sie hätten tatsächlich gute Beziehungen, weil Sie in einem elitären Umfeld aufgewachsen sind oder weil Sie sich diese Kontakte unter großem Einsatz von Zeit und Geld geschaffen haben. Und nun?

Niemand tut etwas für Sie, wenn er nicht den Eindruck hat, dass er selbst davon profitieren kann oder zu einem anderen Zeitpunkt eine Gegenleistung erhält. Dies bedeutet für Sie: Um ein Netzwerk zu nutzen, müssen Sie selbst einiges zu bieten haben. Solange dies aber nicht der Fall ist, bleiben Sie Bittsteller. Und Bittsteller gibt es viele.

Also müssen wir auch hier leider feststellen: Gute Kontakte allein verbessern nichts in Ihrem Leben, wenn Sie nicht etwas zu bieten haben. Selbst in Verbindung mit harter Arbeit erhöhen sich Ihre Chancen nicht. Die Kombination von beidem ist zu »gewöhnlich«, als dass sie ein Garant für Erfolg und Zufriedenheit sein könnte.

No risk, no fun!

Es wird oft behauptet, dass erfolgreiche Menschen mehr Mut zum Risiko hätten, weil sie wüssten, dass sich ohne Risiko keine Chancen bieten und ohne Chancen keine Gewinne eingefahren werden. Und der Volksmund sagt: »Wer nicht wagt, der nicht gewinnt.« Das heißt: Wenn man nur oft genug ein gewisses Risiko eingeht, dann trifft man schon irgendwann ins Schwarze und holt sich den Jackpot. Und der bringt dann so viel, dass damit die anderen, fehlgeschlagenen Investitionen ausgeglichen werden können und immer noch genug übrig bleibt, um Wohlstand und Reichtum nachhaltig zu sichern.

Prinzipiell ist es sowohl mathematisch als auch statistisch gesehen richtig, dass sich – je mehr Chancen man nutzt – die Wahrscheinlichkeit erhöht, damit erfolgreich zu sein. Das ist so wie beim Lotto-Jackpot: Die Chance auf den Hauptgewinn liegt bei 1 zu 140 Millionen.[84] Aber wir betreiben ja kein Glücksspiel, sondern wollen etwas Reales einsetzen.

Auch wenn es kein Spiel ist, benötigen Sie doch eine ganze Menge an Chancen, damit Sie – laut statistischer Wahrscheinlichkeit – einen Treffer landen können. Aber um sich Risikobereitschaft leisten zu können, müssen Sie auf eine stabile Basis an Ressourcen zurückgreifen können, die dauerhaft und im nötigen Umfang auf alle Chancen gleichmäßig verteilt werden. Solche Ressourcen sind Geld, Zeit, Nerven und Energie.

Viele Chancen, die noch dazu alle eine gleich hohe Aufmerksamkeit erfordern, sind ziemlich schwer unter einen Hut zu bekommen. Wie ein Jongleur alle Bälle in Schwung halten muss, so wird es Ihnen dann auch ergehen, denn um Erfolg zu haben, ist die strikte Gleichbehandlung aller Chancen unbedingt notwendig. Alle Projekte müssen mit gleichem Enthusiasmus, mit gleicher Intensität und gleicher Aufmerksamkeit behandelt werden.

Doch wie würden es Ihre Familie, Ihre Freunde und Ihr berufliches Umfeld aufnehmen, wenn Sie Ihre Ressourcen auf diese Art und Weise einsetzen? Wenn Ihr privates Umfeld sich dagegenstellt, ist eine Gleichbehandlung aller Projekte mit Sicherheit unmöglich, und Ihr Vorhaben wird scheitern.

Risikofreude mag ein gutes Modell sein, wenn schon genügend Ressourcen vorhanden sind, um eine Chancen-Reihe mit der nötigen Ruhe und Gleichgültigkeit durchzuspielen. Sie ist

84 http://www.sueddeutsche.de/panorama/-frage-wie-gross-ist-die-chance-im-lotto-zu-gewinnen-1.662028, 12. 12. 2011.

jedoch absolut kein Garant für Erfolg. Und dabei helfen Ihnen auch weder »harte Arbeit« noch »gute Kontakte«.

Wir haben im letzten Kapitel gesehen, dass Sie stets etwas geben müssen, wenn Sie etwas bekommen möchten. Das Entscheidende dabei ist, was Sie Ihrem Gegenüber bieten können. Fakt ist: Die meisten Menschen arbeiten wirklich hart, träumen von guten Beziehungen, beneiden jene, von denen sie meinen, dass sie solche hätten, und hadern immer wieder mit sich selbst. Denn sie trauen sich nicht, Risiken einzugehen, und bemitleiden sich ob der Chancen, die sie verpasst haben. Und so laufen die meisten Menschen ihr Leben lang dem Geld hinterher.

Der Grund: Es fehlt etwas ganz Entscheidendes …

Die passende Persönlichkeit

Die eben aufgeführten drei Komponenten sind jene, die am häufigsten genannt werden, wenn es um die Definition von Erfolg geht. Sie allein genügen jedoch nicht. Warum? Stellen wir uns einmal folgende Szene vor:

Eine Frau in zerrissenen Jeans und mit schmutzigem T-Shirt betritt barfuß eine Bank und fragt nach dem Personalleiter. Als dieser kommt und sich erkundigt, worum es geht, erhält er folgende Antwort: »Sie haben doch eine Position in der Vermögensberatungsabteilung ausgeschrieben. Ich möchte mich um diese Position bewerben.« Der Personalleiter mustert die Bewerberin mit kritischem Blick. Darauf fügt diese noch erklärend hinzu: »Und wegen meiner Kleidung machen Sie sich mal keine Gedanken. Wenn ich den Job bekomme, kaufe ich mir etwas Neues zum Anziehen. Ich dachte mir nur, wozu jetzt schon das Geld dafür ausgeben, wenn ich noch nicht weiß, ob ich die Stelle überhaupt bekomme.«

Glauben Sie, dass diese Bewerberin eine Chance erhalten

wird? Wahrscheinlich nicht. Auftreten und Ausstrahlung müssen einer gewissen Norm entsprechen, um beruflich überhaupt einen Fuß in die Tür zu bekommen. Außerhalb der Berufswelt ist es genauso. Nur wenn Sie über das entsprechende Auftreten, eine gewinnende Ausstrahlung und über eine ausgewogene Persönlichkeit verfügen, nur, wenn Sie mit sich und Ihrem Umfeld optimal zurechtkommen, also hohe soziale Kompetenzen besitzen, werden Sie im Leben die Chance bekommen, Ihre Ziele zu erreichen.

Dies bedeutet nicht, dass Sie nicht trotzdem hart arbeiten müssten, keine gute Beziehungen benötigten und nicht auch einen gewissen Mut zum Risiko bräuchten. Doch erst mit Sozialkompetenz führen all diese Anstrengungen zum Ziel!

Die Zutaten

Selbstdisziplin, Eigenmotivationsfähigkeit, gewinnende Ausstrahlung, Selbstbewusstsein, ausgeprägte Kommunikationsfähigkeit, Mentalkraft sowie Kenntnisse, Höflichkeit, Zuverlässigkeit, Sicherheit im Umgang mit anderen, positive Ausstrahlung, Charisma, Humor, Entscheidungsfreude und vieles mehr – auf den Punkt gebracht braucht es die Fähigkeit, in jeder Situation sich selbst perfekt zu steuern und sein Umfeld positiv beeinflussen zu können: Das ist soziale Kompetenz. Eine Person mit sehr hoher Sozialkompetenz bekommt leichter Kontakte zu einflussreichen Menschen und kann dann diese Kontakte auch besser nutzen, da ihre Persönlichkeit den passenden Gegenwert darstellt. Sie kommt besser mit der geforderten Risikobereitschaft und den damit verbundenen Anforderungen zurecht und wird von ihrem eigenen Umfeld mehr unterstützt werden als eine Person ohne diese Fähigkeiten.

Das Problem liegt darin, dass die meisten Menschen sich viel zu wenig um die Weiterentwicklung ihrer eigenen sozialen Kompetenzen kümmern. Häufig begegnet man Vorurteilen, die darauf hinauslaufen, dass »Sozialkompetenz« nur etwas für die anderen sei. Der Begriff wird für »sozial Benachteiligte« adaptiert. Und selbst wenn man einen Bedarf bei sich erkannt hat, verschieben viele ihre Persönlichkeitsentwicklung gern auf später – wenn man die Zeit, die Muße und/oder das Geld dafür hat. Dieser Verdrängungsmechanismus ist der Grund dafür, warum die meisten Menschen ständig dem Geld nachlaufen und das Geld ein Leben lang vor ihnen davonläuft. Ihre Sozialkompetenz ist die Basis und die Grundlage für alles, was Sie sind, sein wollen und sein können. Sie ist der Schlüssel zu all Ihren Zielen.

Das Leben bietet so viel mehr!

Es gibt noch so viele andere Dinge, die das Leben – wie man so schön sagt – erst lebenswert machen: Zeit für sich selbst, für Ihre Familie und Freunde, Zeit und genügend Freiraum, um Ihren Hobbys nachzugehen, eine glückliche Partnerschaft oder Anerkennung und Akzeptanz durch andere.

Auch im immateriellen Bereich sollten Sie ganz genau wissen, was Sie wollen. Dass Sie sich Dinge wie Gesundheit, Ausgeglichenheit, Fitness oder Zufriedenheit wünschen, nehmen wir einfach mal an. Aber bei vielen anderen Zielen werden Sie sich entscheiden müssen, denn wenn Sie nicht wissen, wie Ihr optimales Leben aussehen könnte, kann es nicht Wirklichkeit werden.

Doch nehmen wir einmal an, dass Sie ein ganz klares Bild vor Augen haben, exakt wissen, welche Wünsche Sie haben, und diese formulieren können. Auch dann stellt sich wieder die Frage: Was tun Sie dafür, sie zu verwirklichen?

Die Antwort lautet wiederum: Sie müssen Ihre sozialen Kompetenzen, wie zum Beispiel Kommunikationsfähigkeit, eine positive Ausstrahlung und genügend Selbstwertgefühl, trainieren und weiterentwickeln, denn sie sind der Schlüssel, mit dem sich Zufriedenheit im privaten Bereich erreichen lässt.

Bringt alles nichts!

Es gibt natürlich noch eine Reihe von weiteren Eigenschaften und Fähigkeiten, die man hier aufzählen könnte und die in der Summe zufriedener und glücklicher machen. Doch ganz gleich, welche Eigenschaften und Fähigkeiten Sie haben oder sich noch aneignen werden und was Sie auch alles tun, um glücklich und zufrieden zu sein, es kann nicht funktionieren, wenn die entscheidende Grundlage für dauerhafte immaterielle Zielerreichung fehlt: die jeweils benötigte materielle Basis.

Hier schließt sich der Kreis. Diese Erkenntnis mag nun vielleicht schockierend sein und die Romantiker unter uns desillusionieren. Doch es ist nun einmal so: Sie können Ihre immateriellen Ziele nur dann dauerhaft erreichen, wenn Sie sich eine materielle Basis dafür geschaffen haben.

Betrachten wir den Punkt »Zeitmanagement«: Acht Stunden müssten Ihnen normalerweise täglich verbleiben, um Ihren privaten Verpflichtungen nachzukommen: einkaufen, Wohnung reinigen, kochen, Besorgungen machen usw. Viele dieser Dinge müssen Sie nicht zwangsläufig selbst erledigen, sondern können bezahlte Kräfte damit beauftragen und währenddessen mit Ihrem Partner und Ihren Kindern etwas unternehmen. Das wäre dem Erreichen Ihrer immateriellen Ziele mit Sicherheit wesentlich förderlicher. Doch dazu brauchen Sie eine materielle Basis, deren Höhe von den individuell verschiedenen immateriellen Zielen abhängt. Wenn Sie aber jede freie Minute versuchen müssen, irgendwie Geld aufzutreiben und Dinge zu erledigen, die getan werden müssen, können Sie sich nur wenig Zeit für die wirklich wichtigen Aktivitäten in Ihrem Leben nehmen.

Das Selbstwertgefühl ist in unserer Gesellschaft in starkem Maße von der materiellen Basis abhängig. Die meisten Menschen trauen sich nur nicht, das zuzugeben. Man reagiert dann gern trotzig und behauptet: »Ich brauche doch das alles nicht!« Tatsache ist, dass Ihnen finanzielle Unabhängigkeit und Sicherheit in unserer Gesellschaft eine sehr große Freiheit geben – die Freiheit, das zu tun, was Ihnen wichtig ist. Sich Zeit zu nehmen, wofür Sie wollen. Dinge zu genießen – ohne Existenzängste. Gerade diese Freiheit und diese Sicherheit vermitteln Ihnen ein angenehmes Selbstwertgefühl, das wirklich von innen kommt und auf das Sie aufbauen können.

Die Zielpyramide

1. Ebene: Soziale Kompetenz
Nur wenn ein Mensch über die nötigen sozialen Kompetenzen verfügt, um Tätigkeiten auszuüben, mit denen er seine materiellen Ziele erreichen kann, wird er diese auch realisieren können. Denn: Für jedes materielle Ziel ist es unbedingt notwendig, zuerst die entsprechende Persönlichkeit mit sozialer Kompetenz zu formen.

2. Ebene: Erreichen der materiellen Ziele
Nur wenn eine ausreichend große, individuell unterschiedliche materielle Basis vorhanden ist, können dauerhaft immaterielle Ziele verwirklicht und gelebt werden. Ohne materielle Basis fehlen in unserer Gesellschaft Sicherheit, Selbstbewusstsein und Unabhängigkeit, die die Grundvoraussetzung für die Verwirklichung immaterieller Ziele sind.

3. Ebene: Erreichen der immateriellen Ziele
Die immateriellen Ziele sind zweifellos erstrebenswert. Sie sind es, die unser Leben lebenswert machen. Ohne ihre Verwirklichung können wir nicht dauerhaft zufrieden und glücklich sein. Doch diese Stufe in der Zielpyramide kann erst erreicht werden, wenn die vorhergehenden zwei Stufen erklommen wurden.

Die Pyramidenstruktur

Entscheidend für alle drei Ebenen ist die Einhaltung der Pyramidenstruktur. Das bedeutet, dass die jeweils untere Ebene breiter sein muss als die darüberliegende, um diese tragen zu können. Ist das nicht der Fall, kippt die Pyramide. Baut beispielsweise ein großer materieller Wert auf einer dürftigen Persönlichkeitsebene mit nur geringer Sozialkompetenz auf, wird das auf Dauer zum Schwinden des materiellen Wertes führen und die immaterielle Ebene ins Wanken bringen. Wenn wiederum eine große immaterielle Ebene auf einer schwächeren materiellen Ebene aufbaut, werden die immateriellen Werte wieder verloren gehen, weil sie keine tragfähige Basis haben.

NACHWORT

ZWÖLF MINUTEN

Zwölf Minuten. Der Schulbub geht langsam die Straße entlang. Er schaut auf den Boden, setzt zaghaft einen Fuß vor den anderen. Die schwere Last der Schultasche scheint er nicht zu spüren, auch der Regen, der seine Kleidung durchnässt, stört ihn nicht. Nur zwölf Minuten. Er kennt den Weg von der Bushaltestelle zum Haus seiner Eltern, er absolviert ihn jeden Tag zweimal. Morgens geht er beschwingt aus dem Haus und schafft die Strecke manchmal sogar schneller, ist froh um jeden Schritt, der ihn seinem Ziel näher bringt. Auf dem Rückweg braucht er immer exakt zwölf Minuten. Jede einzelne kostet er aus. Er ist ganz tief in Gedanken versunken. In diesen zwölf Minuten hat der kleine Junge immer den gleichen Tagtraum: Wenn er jetzt gleich um die letzte Ecke biegt, ist sein Elternhaus einfach verschwunden. Das wünscht er sich. Er kneift kurz die Augen zu, versucht, dem Wunsch dadurch mehr Intensität zu geben.

Als er noch kleiner war, wünschte er sich, das Haus wäre weggezaubert worden. Heute, ein paar Jahre älter und klüger, weiß er, dass das nie passieren wird. Deshalb träumt er nun etwas anderes: Er hofft, das Haus wäre nur noch eine rauchende Ruine und alle, die darin leben, verbrannt. Doch auch das geschieht nie. Immer, wenn er um die Ecke biegt und das Haus sieht, ist er enttäuscht. Seine Schritte werden dann noch ein wenig langsamer, bis er schließlich vor der Tür steht.

Erinnern Sie sich an Ihre Kindheit? An Ihre Träume, Ihre Wünsche, Ihre Ängste? Meine Erinnerungen beschränken sich auf diese Szene. Und ich schäme mich nicht dafür. Denn was hinter dieser Tür geschah, kann ich heute nur aus einer sehr distanzierten Position heraus beschreiben: Ich wuchs ohne jegliche soziale Bindung auf, weil ich ausschließlich von Menschen umgeben war, die keinerlei soziale Kompetenzen besaßen.

Die Scheidung meiner Eltern ist meine erste Erinnerung. Meine Mutter zog aus dem gemeinsamen Haus aus und nahm meinen älteren Bruder mit – der trug keine Windeln mehr und erschien ihr »pflegeleichter«. Ich wuchs bei meinem Vater auf, der mit einem kleinen Kind vollkommen überfordert war.

Kurz nach der Trennung meiner Eltern lernte mein Vater eine neue Frau kennen und heiratete sie. In den ersten Monaten nach der Hochzeit kümmerte sich meine Stief-Großmutter um mich. An ihre grüne Schürze kann ich mich heute noch erinnern – an ihr Gesicht leider nicht. Als sie starb, verschwand die Wärme aus meinem Leben. Mit seiner neuen Frau bekam mein Vater zwei Mädchen, und von dem Moment an verbannte er mich aus seinem Leben. Er sperrte mich in eine Kammer, mit einem kleinen zugigen Fenster, einem Bett, einem Regal, einem Schrank. Diese Kammer durfte ich nicht verlassen, wenn ich zu Hause war. Auf diesen paar Quadratmetern verbrachte ich zwölf Jahre meines Lebens.

Zum Glück gab es die Schulpflicht, und so konnte ich zumindest stundenweise die Kammer und das Haus verlassen. Das war jeden Tag mein Highlight. In der Schule war ich nicht sonderlich beliebt. Ich war ruhig und verschlossen, und trotzdem kam niemand auf die Idee, dass in meinem Elternhaus etwas nicht stimmte. Oder falls doch, so traute sich keiner, etwas dagegen zu unternehmen. Nur einmal bestellte mich eine Lehrerin nach dem Unterricht zu sich für ein Gespräch. Sie zeigte Verständnis, und als ich ihr erzählte, was ich zu Hause erlebte, versprach sie mir, sich darum zu kümmern. »Du kannst mir vertrauen«, sagte sie.

An diesem Tag ging ich zum ersten Mal mit beschwingtem Schritt nach Hause. Das Donnerwetter, das mich zwangsläufig erwarten würde, weil ich zu spät kam, war mir egal. Ich hatte jetzt eine Verbündete, die mich ernst nahm. Doch kaum hatte ich die Hand zur Klingel angehoben, ging die Tür schon von alleine auf. Eine schallende Ohrfeige empfing mich und danach der Gürtel meines Vaters. Später erfuhr ich, dass die Lehrerin postwendend meine Mutter angerufen und sie mit echter Besorgnis gefragt hatte, woher der Bub denn so eine schreckliche Phantasie hätte.

Einmal fand ich heraus, wo meine leibliche Mutter wohnte, und besuchte sie nach der Schule. Sie setzte sich mit mir an ihren Küchentisch und hörte sich meine Geschichte an. »Da müssen wir was machen«, sagte sie, »kommst halt zu mir!« Gemeinsam gingen wir zum Haus meines Vaters. Sie schob mich durch die Tür und sagte: »Geh schon mal in dein Zimmer …« Oh, wie gerne habe ich das gemacht! Minuten später hatte ich meine Sachen gepackt und wartete auf sie. Doch sie kam nicht. Dafür hörte ich die Haustür ins Schloss fallen. Meine Mutter war ohne mich gegangen, dafür kam mein Vater zu mir in die Kammer.

Das zweite Leben

Ein neuer Lebensabschnitt begann mit 17 Jahren und der Chance, vorzeitig ins Bundesheer einzutreten. Für mich war das Luxus. Ich bekam in der Kaserne ein eigenes, sauberes Bett, und keine verschlossenen Türen trennten mich vom sozialen Leben um mich herum. Ich war genauso gekleidet wie die anderen, nicht besser und nicht schlechter.

Eigentlich hätte jetzt alles besser werden müssen. doch aufgrund meiner Erfahrungen und mangelnden sozialen Fähigkeiten hielt ich mich an den Grundsatz: Man muss sich im Leben nehmen, was man braucht, denn freiwillig gibt dir niemand etwas! Selbstvertrauen hatte mir mein Elternhaus nicht vermittelt, zur Selbstkontrolle war ich nicht fähig, Toleranz und Empathie waren Fremdworte für mich.

Vom Militär wechselte ich zur Polizei – feste Strukturen zogen mich an. Es ist tatsächlich ein weitverbreitetes Phänomen, dass gerade junge Menschen mit mangelnder sozialer Kompetenz sich zu straff strukturierten Organisationen hingezogen fühlen. In meinem speziellen Fall war es das Militär und später dann die Polizei, die mich aufnahmen. Es hätte aber genauso gut eine Sekte oder eine radikale Verbindung sein können.

Ein Erlebnis erwies sich im Nachhinein für meine Entwicklung als sehr einschneidend: Weihnachten 1985. Wie üblich hatte ich mit anderen jungen Kollegen zwischen den Jahren Dienst. Am 27. Dezember 1985 um 9 Uhr morgens überfiel die Abu-Nidal-Gruppe den Schalter der israelischen Fluggesellschaft El Al am Flughafen Wien-Schwechat. Ich sah eine Frau, die mit zerrissenem Oberkörper am Boden lag, neben ihr die schreienden Kinder. Ich war traumatisiert, hilflos und geschockt. Psychologische Betreuung gab es damals kaum bei der Polizei. »Nehmt euch drei Tage frei!«, hieß es vielmehr. Man sprach nicht über das Erlebte, über die Bilder, den Ekel, die Angst, die Wut, den Schock. Mir ebnete dieses Ereignis den Weg für die notwendigen Veränderungen in meinem Leben. Danach quittierte ich meinen Dienst.

Es gelang mir, auch ohne die straffen Strukturen von Militär und Polizei zu überleben und nicht auf die schiefe Bahn zu geraten. Ich hatte es aber immer noch nicht gelernt, mit mir und meinem Umfeld optimal zurechtzukommen, und machte Geschäfte, bei denen ich schon vorher wusste, dass nur ich davon profitieren konnte. Mehrere Insolvenzen, viel verlorenes Geld, noch mehr enttäuschte Menschen waren das Ergebnis. Die Folge: Keine Beziehung oder geschäftliche Partnerschaft dauerte länger als ein paar Monate, es gab viele tränenreiche Abschiede und wütende Vorwürfe.

Die Veränderung

Trotz der vielen Veränderungen in meinem Umfeld trugen meine Bemühungen um Erfolg und Anerkennung keine Früchte. Ich geriet immer wieder in die »falschen Kreise« und investierte meine Mühe in die »falschen Projekte«. Gleich, ob beruflich oder privat: Auf jeden großen Erfolg folgte die große Niederlage. Es schien beinahe ein Muster dahinterzustecken, und ich wollte für mich eine Lösung finden, dem entgegenzuwirken und ein glückliches Leben zu führen.

Also zog ich mich zurück, verbrachte ein knappes Jahr in der Dominikanischen Republik und studierte dort die Literatur zum Thema Persönlichkeitsentwicklung. Ein paar hundert Bücher und Studien waren es insgesamt – von Freud über Jung bis Alfred Adler, von Hill über Carnegie bis Jack Canfield. Daraus zog ich für mich die Quintessenz menschlichen Wissens in Bezug auf Persönlichkeitsentwicklung und Entwicklung von sozialer Kompetenz.

Ich erkannte, was bislang in meinem Leben schiefgelaufen war bzw. darin einfach grundsätzlich gefehlt hatte: die soziale Kompetenz, die Fähigkeit also, mit sich selbst und seinem Umfeld klarzukommen. Hierauf stieß ich immer wieder, hier liefen alle Erkenntnisse meines Selbststudiums zusammen. Denn diese Qualifikation hatten die Menschen, die mein Umfeld in der Kindheit ausgemacht hatten, offensichtlich nicht besessen. Und damit hatte ich selbst diese nie wirklich erfahren, nicht gelernt, geschweige denn später gelebt. Ich akzeptierte, dass ich meine Kindheit nicht ändern können würde, und lernte, mir neue Sichtweisen anzueignen, konzentrierte mich auf meine Stärken, arbeitete an meinen Schwächen. Dadurch gelang der Perspektivenwechsel: Paradigmen veränderten sich, Fähigkeiten konnten entwickelt, Einstellungen neu justiert werden.

Nachdem ich meinen »Schlüssel« für Stabilität und gleichbleibenden Erfolg gefunden hatte, wurde mir bewusst, dass es vielen

Menschen sehr ähnlich ging. Viele sind auf der Suche nach einem Rezept, um private Zufriedenheit und beruflichen Erfolg zu erreichen. Ich sehe es als meine Berufung, meine Erkenntnisse auch an andere weiterzugeben. Seither verbringe ich (fast) jede Minute meines Lebens damit, soziale Kompetenz zu trainieren, fehlende Bausteine aufzudecken und zu helfen, diese zu ergänzen, »Schlüsselerlebnisse« wie meines zu vermitteln, aufzurütteln und zu sensibilisieren, Verantwortungsgefühl für sich selbst und seine Mitmenschen zu wecken und andere Menschen auf ihrem Weg zu begleiten.

ANHANG

AUFLÖSUNG DER SZENARIEN

Szenario 1: Amokläufer

Dieses Szenario ist »logisch weitergedacht«. Tatsächlich gibt es schon verschiedenste »Hitlisten« in den Medien, wie zum Beispiel der Artikel »Die schlimmsten Amokläufe der letzten Jahre«, der auf VOX.de erschien. http://www.vox.de/medien/service/188d7-c6fbf-5e1d-26/die-schlimmsten-amoklaeufe-der-letzten-jahre.html. Dass man im Internet aber auch Wetten über diese schrecklichen Ereignisse abschließen kann, ist noch nicht Realität. Mir persönlich sind bereits die vorhandenen »Rankings« grausam genug.

Dieses Szenario ist eine logische Weiterführung des Ist-Zustandes.

Szenario 2: Werteverlust bei Top-Managern

Auch wenn ich felsenfest davon überzeugt bin, dass dieser Vorfall sich auf die eine oder andere Weise schon öfter ereignet hat, habe ich keine Nachweise dafür und muss daher offiziell bekunden: **Dieses Szenario ist frei befürchtet.**

Szenario 3: Politiker unter Polizeischutz

Angriffe auf Politiker gibt es immer wieder, vgl. etwa folgende Auflistung in der Tageszeitung *Frankfurter Allgemeine Zeitung*. http://www.faz.net/aktuell/politik/angriffe-auf-politiker-von-lafontaine-bis-stroebele-1143034.html

Die Nachricht, dass die Amtszeit eines Politikers im Volksmund immer öfter als »Lügenzeit« bezeichnet wird, wird vermutlich auch niemanden überraschen. Dass Politiker aber deswegen Polizeischutz auf Lebenszeit benötigen oder gar emigrieren müssen, so weit ist es noch nicht.

Dieses Szenario ist eine logische Weiterführung des Ist-Zustandes.

Szenario 4: Gesundheit des Durchschnittsbürgers

Dieser Zustand ist leider bereits Realität. Nachzulesen ist dies unter anderem in der »Gesundheitsberichterstattung des Bundes«, herausgegeben vom Robert-Koch-Institut (http://edoc.rki.de/documents/rki_fv/reUzuR53Jx9JI/PDF/26TzxAg9BtuM_57.pdf), sowie in einer im *Journal of Clinical Investigation* veröffentlichten Studie, die auf der Internetplattform der WAZ-Mediengruppe veröffentlicht wurde: http://www.derwesten.de/gesundheit/frustessen-mit-fettigen-mahlzeiten-beseitigt-das-stimmungstief-id4929994.html

Szenario 5: Jugendarbeitslosigkeit

Dieser Zustand ist leider bereits Realität. Siehe hierzu beispielsweise folgenden Bericht der Tageszeitung *Die Welt*: http://www.welt.de/politik/ausland/article13419891/Hilflose-Politiker-verspielen-die-Zukunft-Europas.html

Szenario 6: Gewalttätige Generationenkonflikte

Dieses Szenario ist frei befürchtet.

Szenario 7: Mobile Pflegestationen

Solche »Pflege-Container« gibt es tatsächlich. Sie werden unter der Marke »MEDCottage« angeboten und können auf der gleichnamigen Website besichtigt werden. Auch der *Süddeutschen Zeitung* waren sie einen Artikel wert: http://www.sueddeutsche.de/leben/altenpflege-ein-schuppen-fuer-omi-1.992232

Dieser Zustand ist leider bereits Realität.

Szenario 8: Prügelnde Polizisten

Eine solche Prügelorgie von Ordnungskräften ist heutzutage leider keine Seltenheit mehr. Der hier angeführte Fall hat sich tatsächlich am 5. Juli 2011 in Fullerton, Kalifornien zugetragen, vgl. http://www.focus.de/panorama/welt/polizeieinsatz-mit-elektro schockern-gegen-obdachlosen_aid_652364.html. Dass die Passanten gefilmt haben, anstatt zu helfen, ist belegt. Nicht bewiesen und hoffentlich auch frei erfunden sind die Wettabschlüsse. Daher kann man sagen:

Dieses Szenario ist eine logische Weiterführung des Ist-Zustandes.

Szenario 9: Schüsse am Flughafen

Eine Schießerei mit Toten und Schwerverletzten wegen einer Flugpreiserhöhung? Zu unglaubwürdig? Leider nicht.

Dies ist tatsächlich so geschehen – am 6. August 2011 auf der Insel Mare in Neukaledonien. Vgl. http://news.orf.at/stories/2072637/

Szenario 10: Unentdeckter Todesfall im Büro

Beamte, die aus Budgetgründen auch Putzdienste erledigen müssen, gibt es bereits. Dieser Trend wird vermutlich noch zunehmen. Vgl. http://www.tagesanzeiger.ch/schweiz/standard/Postan gestellte-muessen-nun-auch-noch-putzen/story/30443015

Der Nachbar stirbt und keiner merkt es? Auch davon haben wir schon öfter gehört. Doch im gleichen Büro? Ja, selbst das kam schon vor – zum Beispiel im Januar 2004 in einem finnischen Finanzamt. http://www.faz.net/aktuell/gesellschaft/finnland-finanzbeamter-sass-zwei-tage-lang-tot-am-schreibtisch-1144707.html

Es waren jedoch nur zwei Tage, die der Tote unbemerkt blieb, und nicht eine ganze Woche. Und im Allgemeinen wird innerhalb einer Bürogemeinschaft auch noch wesentlich mehr kommuniziert als in dem angeführten Szenario. **Daher ist dieses Szenario »lediglich« eine logische Weiterführung des Ist-Zustandes.**

Szenario 11: Freier Zugang zu Waffen

Dieses Szenario ist frei befürchtet.

Szenario 12: Happy Slapping

So unglaublich es auch klingen mag: Diese Art der Freizeitbeschäftigung bei Jugendlichen gibt es tatsächlich, und auch die Bezeichnung »Happy Slapping« stimmt. Dieses Phänomen hat so zugenommen, dass sich damit unter anderem das Institut für Erziehungs- und Bildungswissenschaft der Karl-Franzens-Universität Graz beschäftigt hat. http://www.uni-graz.at/paedx www_happy_slapping.pdf

Was es jedoch noch nicht gibt und hoffentlich auch nie geben wird, ist die Steigerungsform »Happy Stabbing«. Daher: **Dieses Szenario ist eine logische Weiterführung des Ist-Zustandes.**

Szenario 13: Ultimate Fighting

»Ultimate Fighting« gibt es wirklich. Aus den USA kommend, anfangs verboten, dann doch toleriert, fand auch bereits die erste Veranstaltung in Deutschland statt: http://www.spiegel.de/panorama/gesellschaft/0,1518,630355,00.html

Olympische Disziplin soll es jedoch derzeit nicht werden. **Dieses Szenario ist eine logische Weiterführung des Ist-Zustandes.**

Szenario 14: Gewalt gegen Berliner Busfahrer

Tatsächlich haben besonders die Berliner Busfahrer unter einer extrem hohen Zahl an Übergriffen zu leiden, wie auch Spiegel-

TV berichtete. http://www.spiegel.de/video/video-51357.html. Im November 2008 traten sie als Protest dagegen einmal wöchentlich für zwei symbolische Minuten in den Ausstand.

Dass innerhalb eines Monats ein Drittel von ihnen zusammengeschlagen wurde, trifft jedoch nicht zu und wird hoffentlich auch nie passieren. **Dieses Szenario ist eine logische Weiterführung des Ist-Zustandes.**

Szenario 15: Schließung von Fußballstadien

Dieses Szenario ist frei befürchtet.

Szenario 16: Umfassende Überwachung der Bürger

Dieses Szenario ist frei befürchtet.

Szenario 17: Beteiligung von Regierungen an Terroranschlägen

Dieses Szenario ist frei befürchtet.

Szenario 18: E-Mobbing

Dass Mobbing immer mehr um sich greift und sich vor allem im Internet stark ausbreitet, ist mittlerweile bekannt. Stellvertretend für viele andere Berichte mag folgender Artikel der Tageszeitung *Die Welt* dienen: http://www.welt.de/wirtschaft/webwelt/article2954130/Mobbing-im-Internet-setzt-vielen-Schuelern-zu.html

Doch ein so menschenverachtendes »Spiel« wie das im Szenario beschriebene »E-Mobbing« bleibt uns noch erspart. Hoffen wir, dass es auch nie dazu kommt.

Dieses Szenario ist eine logische Weiterführung des Ist-Zustandes.

Szenario 19: Abschaffung der PISA-Tests

Dieses Szenario ist frei befürchtet.

Szenario 20: Überfälle auf ältere Menschen

Dieses Szenario ist frei befürchtet.

Szenario 21: Zusammenlegung von jugendlichen und erwachsenen Straftätern

Dieses Szenario ist frei befürchtet.

IFUS 2020 – Initiative fächerübergreifender Unterrichtsgegenstand Sozialkompetenz

Weil es Zeit ist, zu handeln …
Das IFUS-Projekt

- Wenn man heute darüber spricht, dass die PISA-Studien in den Schulen so schlechte Ergebnisse bringen …
- Wenn man heute liest, dass Jugendliche perspektivlos und desinteressiert sind …
- Wenn fast täglich in den Zeitungen steht, dass junge Menschen ihre »Freunde« wegen Nichtigkeiten prügeln und niederstechen …

… dann wird immer klarer, dass die Wurzel des Übels fehlende Sozialkompetenz ist. Sozialkompetenz ist nach meiner Definition: »Mit sich und seinem Umfeld zurechtkommen.«

Wir brauchen den fächerübergreifenden Unterrichtsgegenstand Sozialkompetenz in Schulen!

Um dies für unsere Jugend zu erreichen, um diese Initiative verbreiten zu können, um wieder mehr Sozialkompetenz in unsere Gesellschaft bringen zu können … benötigen wir Ihre Hilfe!

- Sind Sie LehrerIn oder SchuldirektorIn und stimmen Sie mit den Zielen der Initiative überein?
- Sind Sie ein Elternteil und möchten Sie das Beste für Ihr Kind?
- Sind Sie SchülerIn und würden Sie gerne die genannten Fähigkeiten in der Schule trainieren?
- Oder ein Unternehmen, welches sich vorstellen kann, Schulen zu unterstützen, welche diese Initiative umsetzen möchten?

Setzen Sie sich bitte mit uns in Verbindung: office@eric-adler.com

Wir danken Ihnen schon jetzt im Namen unserer Jugend!

Stolperfallen der Karriere – und wie Sie sie vermeiden

Nandine Meyden · **Karrierekiller!**
Versteckte Fallen auf dem Weg nach oben
320 Seiten, Klappenbroschur
€ [D] 14,99 · € [A] 15,50
ISBN 978-3-430-20118-6

Weshalb liegt meine letzte Beförderung so lange zurück? Warum habe ich den Posten nicht bekommen, den ich wollte? Wieso ist ein wichtiger Deal geplatzt? Wenn im Job etwas schief geht, sind wir oft ratlos. Was wir meist nicht ahnen: Selbst scheinbar nebensächliche Verfehlungen wiegen bei Vorgesetzten, Kollegen und Geschäftspartnern schwerer, als man denkt. Nandine Meyden deckt auf, welche »Kleinigkeiten« das berufliche Fortkommen gefährden, und nennt die geheimen Codes, die man in der Arbeitswelt beachten muss.

Econ